Pon zapatos cómodos en mi ataúd

Historias verdaderas de fe, familia y fortaleza

Título original: *Put Comfortable Shoes in My Coffin: True Stories of Faith, Family, and Fortitude*

por Jennifer Girardi McCloskey con Mary Rey Girardi

Pon zapatos cómodos en mi ataúd: historias verdaderas de fe, familia y fortaleza
Por Jennifer Girardi McCloskey

© 2020 Jennifer Girardi McCloskey

ISBN: 978-1-7336929-2-2

Todos los derechos reservados son propiedad exclusiva de la autora. La autora garantiza que todo el contenido es original y no infringe los derechos legales de ninguna otra persona o trabajo. Ninguna parte de este libro puede reproducirse, almacenarse en un sistema de recuperación o transmitirse de ninguna forma o por ningún medio, sin el permiso expreso por escrito de la autora.

Publicado por: GWN Publishing –
www.ghostwritersnetwork.com

Editado por: Lil Barcaski - LongBar Creative Solutions - www.longbarcreatives.com

Información del contacto: Jennifer McCloskey, Jennifer.mac1@gmail.com

Diseño de la cubierta: Cyndi Long - GFAD Design - www.gfaddesign.com; Erin Girardi - Girardi Digital – eringirardi@gmail.com

Traducción: Ana Patricia Quirós-Cruz

Pon zapatos cómodos en mi ataúd

Dedicatoria

Dedico este libro a mi padre, quien me enseñó que yo podía hacer cualquier cosa y a mi madre quien me animó en cada intento.

Tabla de contenidos

Introducción 11
Capítulo 1 - El suéter 13
Capítulo 2 - A alguien le gustan 17
Capítulo 3 - En un solo patín 21
Capítulo 4 - Percepción 25
Capítulo 5 - Posibilidades numéricas 27
Capítulo 6 - El confort de una vela 31
Capítulo 7 - Romance sobre la azotea 35
Capítulo 8 - La catedral 39
Capítulo 9 - La cantimplora 45
Capítulo 10 - Bujía sensibilizada 49
Capítulo 11 - La puerta trasera 51
Capítulo 12 - Encuentra una solución 55
Capítulo 13 - La guerra 57
Capítulo 14 - Piensa en grande 59
Capítulo 15 - Acciones no palabras 61
Capítulo 16 - La sabiduría de Janell 63
Capítulo 17 - Estar presente 67
Capítulo 18 - Lo más importante es comprender 71
Capítulo 19 - Mi héroe 75

Capítulo 20 - El conejito de madera 77

Capítulo 21 - ¿Y si fracaso? 81

Capítulo 22 - Un acto con clase 83

Capítulo 23 - Desearía ser capaz 85

Capítulo 24 - Explorando 87

Capítulo 25 - La viga de equilibrio 91

Capítulo 26 - La prueba de fuerza 95

Capítulo 27 - La mejor revancha 99

Capítulo 28 - Desde la ventana 101

Capítulo 29 - Haz-lo correcto 103

Capítulo 30 - Sabios consejos 105

Capítulo 31 - El pequeño Jim 107

Capítulo 32 - Un desconocido 109

Capítulo 33 - Amy 111

Capítulo 34 - Tres, dos, uno 115

Capítulo 35 - Sin un pulgar 119

Capítulo 36 - Sin miedo 123

Capítulo 37 - La batería 125

Capítulo 38 - Nunca me imaginé 127

Capítulo 39 - Viaje sentimental 131

Capítulo 40 - Zapatos cómodos 135

Capítulo 41 - Él ya no los necesita 139

Capítulo 42 - Las tres «Ces» 141

Capítulo 43 - Mami comprará un burrito 145

Capítulo 44 - El papel doblado en dos 147

Capítulo 45 - ¡*Suétame*, mami, *suétame* 149

Capítulo 46 - Por otros 153

Capítulo 47 - El carácter de Trey 155

Capítulo 48 - Un pastel de manzana de la granja 157

Capítulo 49 - Una voz compartida 161

Capítulo 50 - Vive entre los jóvenes 167

Capítulo 51 - Los Caballeros del Ritmo 171

Capítulo 52 - Una conversación con Katelyn 173

Capítulo 53 - Su nombre empieza con «S» 177

Capítulo 54 - El poder de permanecer de pie 181

Capítulo 55 - ¿Cuál es la receta? 185

Capítulo 56 - ¿Qué haría yo? 187

Capítulo 57 - ¡Oríllate, Oríllate! 189

Capítulo 58 - Universidad-Refrigerador 193

Capítulo 59 - Gracias 195

Capítulo 60 - El suéter 197

Conclusión 199

La autora 201

Agradecimientos 203

Pon zapatos cómodos en mi ataúd

Introducción

Un día, para la celebración del Día de Acción de Gracias, de alguna manera había logrado acomodar tres largas mesas para sentar a los veintisiete miembros de mi familia y que pudiéramos comer juntos. Nos apresuramos hacia la estancia y el recibidor para tomar asiento, compartiendo risas e historias al mismo tiempo que pasábamos el pavo a través del largo tramo de mesas. Escuché a mi primo John conversando con mi sobrina Erin, acerca de mi padre quien había estado en el servicio militar. Erin, que escuchaba atentamente, gritó: «¡Oh! ¡Papap era increíble!» Yo compartía su emoción y conté otra historia sobre la experiencia militar de mi padre.

Narré un evento en el que mi padre salvó la vida de un hombre y mientras yo contaba mi recuerdo de la historia con todos los detalles específicos que podía, mi primo, John, se dio cuenta de que nunca había escuchado hablar sobre el heroísmo de mi padre. John con toda sinceridad dijo: «¡Tú deberías escribir estas historias!» Erin estuvo totalmente de acuerdo y ahí se plantó la primera semilla.

Entonces, aquí estoy, sentada a mi computadora, en la cocina de mi madre, quien tiene 98 años de edad, escuchando sus historias mientras ella prepara las mejores galletas con chispas de chocolate del mundo. Mi objetivo es recordarnos a todos nosotros que hay héroes a nuestro alrededor; todo lo que debemos hacer es observar. Estas historias son mi recuerdo de eventos que he vivido personalmente y de aquellos que me fueron contados por familiares y amigos. He aprendido que hay fortaleza en las grandes cosas de la vida como también en las pequeñas y que hay éxito igualmente en salvar una vida o sembrar en el jardín. Creo que los más grandes regalos que podemos recibir son la fe, la familia y la fortaleza y que todos estos están definidos por el amor.

Por esto, mientras escribo estos eventos, estas historias, que no solo ocurrieron a mi alrededor sino que me hicieron quien soy hoy, me siento eternamente agradecida por su existencia y por las lecciones continuas que me dejaron.

Gracias, a mi madre y a mi padre por haberme dado una fe, mi familia y la fortaleza y firmeza de carácter para saber cuando soy bendecida.

Capítulo 1

El suéter

«Recuerdos de nuestras vidas, nuestras obras y nuestros actos continuarán en otros». Rosa Parks

—¿Qué es esto? —le pregunté a mi madre, mientras sacaba una prenda de vestir de una bolsa cubierta de polvo.

Ella, mi hermana Janell y yo estábamos limpiando el sótano de la casa de mi familia y reuniendo artículos para donar a la caridad. Yo había estado haciendo mi labor revisando cada caja y cada bolsa encontrando recuerdo tras recuerdo. Al principio mi madre ni me miró, pues estaba mirando hacia abajo rebuscando entre algunos papeles.

»Parece muy viejo. Dudo que alguien lo quiera. ¿Crees que deberíamos tirarlo?—le pregunté, hablándole a sus espaldas –. Parece un viejo suéter de color extraño— agregué, sacando con cautela la sucia y arrugada prenda de color pardusco de una bolsa.

Arrugué mi nariz por su húmedo olor mientras la sostenía con dos dedos y cruzaba la habitación hacia donde estaba mi madre. Cuando ella volteó para ver lo que yo sostenía, la mirada en su rostro me indicó que aquello era mucho más que una simple prenda de vestir. Ella la tomó con delicadeza y la presionó contra su mejilla. Sus ojos se cerraron al apoyarse sobre el suéter como si estuviera recostando su cabeza sobre el pecho de su amado.

—Este es el suéter que tu padre usó en el ejército durante la Segunda Guerra Mundial. Los militares llamaban este color oliva opaco. ¿No es hermoso? —expresó suavemente—. Este suéter contiene tantas historias —continuó—. Tu padre lo usó mientras combatía en Alemania —agregó.

Un soldado. Yo nunca había pensado en mi padre como un soldado. Él era solo mi padre. Él había sido siempre mi papi, el hombre que nos amó de forma incondicional, quien iba a trabajar cada día como vicepresidente de la compañía, el hombre que simplemente fue mi amigo. En realidad, nunca antes había pensado en quien él fue antes de ser mi padre. Al mirar el rostro de mi madre y su encantadora sonrisa, de repente la imaginé como una joven mujer, quien con toda ternura amaba a un atractivo soldado y esperaba siempre que él pudiera regresar a ella. El suéter era más que una prenda pardusca, sucia y vieja. Era parte de su historia, y por lo tanto, en un sentido, parte de la mía. Mi madre tenía memorias de las cuales yo nunca sabría o sería parte. Por primera vez me había dado cuenta de que antes de que estas personas fueran mi padre y mi madre, solo fueron Jim y Mary, dos jóvenes con

Pon zapatos cómodos en mi ataúd

vidas llenas de esperanza y de sueños, y a mí me gustaría muchísimo saber más de ellos.

Capítulo 2

A alguien le gustan

«La supervivencia puede resumirse en tres palabras: nunca te rindas. Ese es en realidad el corazón de la supervivencia. Solo sigue intentándolo». Bear Grylls

Mi madre, Mary Civita Rey, nació en 1921. Sus padres, Michael Pasquale Rey y Mary LaMonica Rey habían inmigrado de Italia años antes con la esperanza de formar una familia en los Estados Unidos, la tierra de las oportunidades. Mi madre, su cuarta hija, era muy especial. No solo llevaba el mismo nombre que su madre, era estudiante de la vida, observando y aprendiendo de cada persona que conocía y siempre buscando ser útil. Ella estudiaba cada movimiento de su padre, mientras este machacaba las uvas de sus propios viñedos para preparar el vino de la familia en el sótano de su casa en Pensilvania. Aprendió a ser ingeniosa ayudando en la cocina mientras su madre utilizaba cada última pieza y parte del pollo en las comidas que preparaba para la semana. «Dios creó cada parte del animal para algo, Mary. Encuentra siempre un uso para todo», solía recordarle su madre.

Los italianos sienten gran aprecio por la generosidad de la tierra. Italia está repleta de vegetales, limones y frutas—en especial uvas y tomates. Al crecer en una familia italiana, mi madre siempre tuvo una huerta en el patio trasero. Ella aprendió el valor de sembrar nuestra propia comida y, al día de hoy, mantiene una huerta en el patio. Su huerta produce todo, desde tomates, pimientos y *zucchini*, hasta frutas selectas. Ella cuida de manera muy especial de su huerta, alimentándola y regándola a diario. Cuando florece y está lista para cosechar, mi madre comparte sus muchos regalos. Un día, mientras arrancábamos unos pimientos maduros de sus tallos, recordé que mi madre no comía pimientos. A ella no le gustaban.

—Má, a ti no te gustan los pimientos. ¿Por qué los cultivas? –le pregunté.

—A alguien le gustan –contestó con una tierna sonrisa.

Mi madre y sus hermanos hacían muchas tareas en la casa. Siempre había algo para mantenerlos útiles y ocupados. Siendo aún una niña, mi madre aprendió a envolver las nuevas plantas de tomate en papel periódico, ya que no tenían macetas, y llevarlas al mercado local para venderlas. Cuando regresaba a la casa, le entregaba el dinero de la venta a su madre pero siempre guardaba las monedas de cinco centavos después de cada venta. Pero esto no era para sí misma o por ser egoísta, sino para sorprender a su madre cuando el dinero escaseaba. ¡Qué orgullosa se sentiría cuando pudiera ahorrar un dólar para su madre y comprar un poco de carne o leche extra para cuando la situación se ponía difícil!

Mi madre vino a los Estados Unidos desde Italia, donde ella aprendió a utilizar los tomates de muchas maneras. Preparar salsa fresca era una tradición familiar y los tomates maduros y frescos de su propia huerta significaban la tradicional salsa en un mundo nuevo.

Mi madre era apenas una adolescente cuando ocurrió la Depresión y aun en su pequeño pueblo, Scottsdale, en Pensilvania, los efectos se sintieron con intensidad. Alimentar a la familia era de extrema importancia y la huerta y su cosecha eran vitales. Mi madre recuerda cómo envasaban todo tipo de vegetales y frutas y a veces hasta carne. «No desperdicies y nada te faltará». Su padre trabajaba en las minas de carbón locales pero el trabajo dependía de la época y no era estable. Su familia ahorraba y guardaba tanta comida como era posible para prepararse ante la incertidumbre económica, en tiempos cuando el trabajo escaseaba. Nada se desperdiciaba, todo se usaba.

Mi madre recuerda lo que significa sentir los verdaderos dolores del hambre. Por esta razón, nunca se le permitió a ella o a sus hermanos usar la expresión «morirse de hambre». «¡Má! ¿A qué hora vamos a comer? me muero de hambre», uno de nosotros dijo alguna vez. «Ustedes no conocen el significado de la frase «morirse de hambre», no la usen a la ligera», solía recordarnos.

Henry David Thoreau dijo: «Un hombre es rico en proporción al número de cosas sin las cuales puede vivir». Mi madre comprendía este concepto profundamente.

Cuando yo era una jovencita, mi madre me contaba estas historias para que entendiera que su familia tenía poco dinero pero ellos encontraron la forma de subsistir.

Nuestra familia italiana siempre ha disfrutado recibir visitas y compartir tiempo juntos. Recuerdo a mi madre contándome, que cuando recibían visitas, y siendo ella era la hija menor, siempre le cedía su cama a las visitas. Ella dormiría en la cocina sobre una vieja silla y por almohada tendría un abrigo enrollado dentro de una funda. Esta historia me impresionó no solo por el sacrificio que mi madre hacía sino por su desmesurada disposición de hacerlo. Mientras me contaba esta historia no vi en ella tristeza alguna por el evento, sino que lo aceptaba como parte de su responsabilidad y como algo que podía ofrecer como regalo a las visitas y a la familia.

Las historias de la niñez de mi madre me recuerdan dar con la libertad con que lo hizo ella y darse uno mismo sin siquiera solicitud previa ni en espera de una retribución.

Un estudiante hablando con su maestro dice:

—Ahora entiendo, el hombre fuerte muere solo una vez mientras que el hombre débil muere mil veces.

—No —contestó el maestro—, el hombre fuerte también muere mil veces, solo que nunca te das cuenta.

Capítulo 3

En un solo patín

«Sacrifiquemos nuestro presente para que nuestros hijos tengan un mejor futuro». A.P.J. Abdul Kalam

Mientras crecía, a mi madre le gustaba patinar sobre ruedas, hecho que no se le escapó a mi abuela. Mi madre se encontró un patín de ruedas que alguien había desechado, y tanto ella como su hermano John se las arreglaron para atarlo a uno de sus zapatos. Ambos tomaban turnos patinando en forma desequilibrada calle arriba y calle abajo, en un solo patín, por todo el vecindario. Mi madre aprendió a manipular el patín casi como una patineta, deslizándose sobre él en un pie y tomando impulso sobre el pavimento con el otro. Era una tarea complicada y delicada, mantener el equilibrio mientras se ganaba velocidad y pericia. Todos los días, mi abuela observaba a mi madre patinar en su solo patín, prácticamente a donde quiera que iba, mejorando su habilidad con gran rapidez.

Mary ayudaba a su madre a cargar las compras que hacían en el mercado local y regresaba patinando en su solo patín. Mi madre dice que su madre estaba siempre atenta observándola, conteniendo la respiración, mientras su hija trataba de equilibrar las compras y hacer maniobras entre la gente y los autos en su caminar-patinar de regreso a casa. «Ten cuidado, Mary. Cuidado con los autos y trata de no quebrar los huevos o el pan», le advertía mi abuela.

Mi abuela participaba en un club del supermercado de abarrotes, una especie de mercado donde se ganan puntos para obtener distintos premios. Ella estaba ahorrando esos puntos para comprar nuevos utensilios de cocina que le ayudaran en sus labores culinarias, tres veces al día, para una familia de seis. Era una familia de muy bajos ingresos y mi madre recuerda haber llegado de la escuela a la casa para almorzar y encontrar un huevo y una tostada. Ella sabía que su madre necesitaba administrar el dinero de la familia y a menudo encontraba a la abuela contando los centavos para asegurarse de que había suficiente comida para la semana, suficiente para alimentar a seis bocas hambrientas, esa no era tarea fácil.

Una tarde, mi madre regresó a casa de la escuela para descubrir que ya su madre había salido para el supermercado. Salió a esperarla para poder ayudarla con las bolsas. Vio a su madre venir caminando hacia la casa con las compras. Mi madre salió a recibirla con su solo patín, impulsándose sin mayor esfuerzo hacia ella, bajando por medio de la calle. Cuando la alcanzó, mi abuela le dio una bolsa que contenía algo pesado, casi como metal. A Mary eso le pareció muy extraño, pues su madre solo había ido al supermercado. "¿Qué podría haber comprado en el supermercado que estuviera hecho de metal?",

Pon zapatos cómodos en mi ataúd

pensó Mary. Miró dentro de la bolsa, y ahí, brillantes y radiantes, había dos patines nuevos.

Sorprendida ante el descubrimiento, Mary gritó:

—¿Má, para qué son estos?

—Son para ti —contestó su madre.

—Pero, ¿cómo? —gritó Mary.

—¡El club los ofrecía como premio! —explicó su madre.

Ella sabía lo mucho que Mary disfrutaba patinar y estaba preocupada de solo pensar que pudiera resultar herida por andar empleando su solo patín.

—¡Pero Má, tú necesitas esos puntos para las cosas de la cocina!—insistió Mary.

—Tu alegría es más importante que todos los utensilios de cocina juntos, —susurró su madre —.Mi alegría será ver tu rostro cuando andes con estos patines en tus dos pies. Tan solo piensa cuánto más fácil te será cargar las bolsas del supermercado ahora.

Mi madre nunca olvidó aquellos patines o lo que mi abuela había sacrificado para dárselos. Ella podría haber usado esos puntos en cosas que habrían hecho su vida más fácil, en cambio escogió darle a la vida de su hija un brillo especial.

Esta es la clase de amor que ningún dinero puede comprar.

Capítulo 4

Percepción

«No puedo cambiar la dirección del viento, pero puedo ajustar mis velas para llegar siempre a mi destino».
Jimmy Dean

Mientras creía, mi madre tuvo muchos empleos. Consiguió un trabajo en un almacén local, que en aquel momento se llamaba *Five and Dime* (Cinco y Diez Centavos). Cuando recibía su salario, se iba y compraba tres libras de carne de res para que su madre preparara las comidas para la familia y le daba a su madre el resto de su salario, con la excepción de un dólar; ahorraría sus dólares por meses hasta que pudiera comprarse ella misma un vestido nuevo.

La Segunda Guerra Mundial cambió la vida diaria de tantas personas en los Estados Unidos. La defensa civil y la producción de bienes que se necesitaban para el esfuerzo de guerra se volvieron el centro de atención de las fábricas, en especial en el lado este del país. Mientras los jóvenes varones salían para la guerra, se necesitaban mujeres para llenar el faltante en la fuerza laboral y así lo hicieron con placer y orgullo. Mi madre escuchó que había trabajos en Baltimore, Maryland, que pagaban más que el almacén *Five and Dime*, por lo que ella y su hermana Rose se dirigieron a esa ciudad a trabajar para la compañía Glen L. Martin, en una planta que diseñaba aviones para la Segunda Guerra Mundial.

Mi madre y Rose nos contaron que se les exigía vestir con profesionalismo en el trabajo todos los días. Debido a la limitación de recursos en aquellos días, las medias de *nylon* estaban escasas. Antes de la guerra, las mujeres utilizaban medias de *nylon* con una costura en la parte de atrás. Esto estaba de moda aun en 1942, pero ahora se estaba usando el *nylon* como esfuerzo de guerra y las medias de *nylon* no se conseguían. Que las mujeres no usaran medias de *nylon* en el trabajo se consideraba poco profesional, lo cual creó un dilema para mi madre y tía Rose. Una vez que sus muy usadas medias de *nylon* se veían gastadas, reemplazarlas era muy difícil y costoso. Así que a mi madre y a mi tía les tocó usar su ingenio. Tomaron una regla para medir y un lápiz delineador de cejas y se dibujaron una a la otra «la costura» en la parte de atrás de sus piernas para dar la impresión de que llevaban las requeridas medias. Nunca nadie notó que sus piernas estaban descubiertas. Años más tarde, en realidad aprecio su ingeniosidad; me ha enseñado a encontrar siempre una solución.

Capítulo 5

Posibilidades numéricas

«Cuando buscamos descubrir lo mejor que hay en los demás, de algún modo develamos lo mejor que hay en nosotros mismos». William Arthur Ward

La compañía Glen L. Martin diseñó y construyó aviones durante la Segunda Guerra Mundial. Esta compañía empleaba ingenieros aeronáuticos como diseñadores e ingenieros mecánicos y maquinistas para construir los aviones reales. Mi padre, un joven y dinámico emprendedor, James Anthony Girardi, estaba a cargo del personal del taller de máquinas del turno de la noche. Con él al frente, su equipo en forma continua producía excelentes resultados. Una mañana, el supervisor del personal del taller de máquinas del turno del día, estaba revisando los reportes de producción del personal de la noche y se impresionó con su sobresaliente producción pero se preocupó acerca del trabajo de su propio equipo. Cuando terminó su turno ese día, y en cuanto el personal de la noche entró al taller, el supervisor del personal del día se dirigió hacia mi padre y le susurró:

—Jim, te importaría bajar un poco el ritmo de trabajo, estás haciendo que mi personal del día quede muy mal.

Jim se sorprendió ante tal solicitud. Desconcertado, observó las caras de los supervisores del día para determinar si se trataba de una broma, pero rápidamente descubrió que hablaba sincera y honestamente preocupado por cómo sus hombres serían juzgados. A pesar de que mi padre comprendió la preocupación, contestó:

—Me temo que no puedo hacer eso. Esta compañía me está pagando para que yo haga el mejor trabajo que pueda. Hay cierta cantidad de orgullo que uno debe poner en todo lo que uno hace. Yo no puedo hacer que mis hombres bajen su ritmo de trabajo para que los tuyos queden bien —respondió.

Más tarde aquella noche, Jim compartió con su equipo la conversación que había tenido temprano con el supervisor del día y se les ocurrió una idea. A la mañana siguiente, cuando los trabajadores del día entraron al taller de máquinas fueron recibidos con algo distinto. Esta mañana había un enorme número siete saludándoles, escrito en tiza sobre el piso de concreto. Al equipo de la mañana no le tomó mucho tiempo darse cuenta de lo que el críptico mensaje quería decir. El equipo de la noche les estaba informando que había completado siete unidades durante ese turno. El sorprendente equipo de Jim estaba produciendo y retando a sus compañeros de trabajo.

Más tarde ese mismo día por la noche, cuando el equipo de Jim regresó a trabajar, encontró el número escrito en tiza; el número *siete* había sido borrado y habían escrito

Pon zapatos cómodos en mi ataúd

un *ocho* en su lugar. A partir de aquel día, la competencia estaba en marcha y no solo el equipo de Jim logró mantener su sobresaliente producción sino que también el equipo del día lo logró. Los resultados fueron sorprendentes. Un simple número sobre el piso representaba una mentalidad de fuerza, determinación y orgullo.

La mentalidad de mi padre me recuerda que siempre debo retarme a mí misma para aumentar el número día con día.

Capítulo 6

El confort de una vela

«Hay dos formas de esparcir la luz: ser una vela o el espejo que la refleja». Edith Wharton

Mi prima Marianne nació en la década de 1940. Nació prematura, hija de Gaetana, la hermana de mi madre, y los médicos no tenían los instrumentos y medicinas prenatales que existen hoy para cuidar su pequeño cuerpecito. Mi madre recuerda que los doctores mandaron a Marianne a casa prácticamente a morir. Era demasiado pequeñita para sobrevivir y no había nada más que ellos pudieran hacer por ella. Sin embargo, mi madre dijo: «Esta niña no va a morir», y puso en acción un plan salvador.

Los padres de Marianne se la llevaron para su casa y se encontraron con que mi madre había encendido el horno con anticipación. Una vez caliente, el horno estaba listo para cumplir su misión, ella apagaba el horno e introducía una manta especial en él. Una vez que la manta estaba tibia, envolvían a Marianne en ella y la sostenían abrazándola. La familia tomó turnos calentando la manta y envolviendo el pequeño cuerpo de Marianne en su calor. Se sentaban frente al horno abierto, para aprovechar el calor que este desprendía y mecían el pequeño cuerpo de la bebé para dormirla. La alimentaban dándole leche con un gotero tan seguido como su pequeño cuerpo lo requería.

Marianne no murió durante aquella fría semana de diciembre en la década de 1940, tampoco a la siguiente semana; ella sobrevivió. Nadie creía que lograría sobrevivir al invierno. Poco a poco, continuó creciendo en fortaleza y sabiduría. Marianne se convirtió en una brillante e inquisitiva jovencita.

Desafortunadamente, mi tía Gaetana falleció muy joven, cuando Marianne tenía solo diez años. Su vida fue difícil al crecer con un padre estricto y sin su madre. Marianne recuerda que una tarde en que se sentía muy triste por algunos eventos ocurridos en su hogar, su frustración crecía y necesitaba encontrar paz. Sin pensarlo más, salió de su casa y caminó durante la noche, deseaba estar en cualquier otro lugar excepto ahí.

No teniendo un lugar específico adonde ir, entró en una iglesia cercana. Se arrodilló en una banca y tuvo una larga conversación con Dios. A pesar de sentirse un poco mejor con su situación y más reconfortada, no se sentía lista para regresar a su casa. Marianne recuerda que la iglesia se iba poniendo fría en tanto caía la noche. La iglesia estaba oscura con excepción de una sola vela que alguien había encendido horas antes. Sus ojos se centraron en ella. Se levantó de la banca donde había estado sentada y observó la vela con atención. La vela estaba en una sección de la iglesia donde varias velas se colocan para que los miembros de la congregación las enciendan cuando oran para pedir algo especial. Marianne sintió el calor que daba esta única vela, entonces encendió otra y luego otra, hasta encender todas las velas que había, en un intento por mantenerse caliente. Sentada cerca del calor de las velas, se fue quedando dormida. Recuerda haberse sentido tranquila y caliente y no tan sola. Despertó temprano la mañana siguiente con una nueva perspectiva de la vida. Ahora llevaba dentro de ella las fuerzas de un nuevo día y la certeza de que había sido reconfortada tanto en forma espiritual como física aquella noche.

Había un gran plan para Marianne desde el momento en que nació. Hoy ella es una prominente pediatra con una sub especialidad en medicina del adolescente y ha sido una médica en jefe muy respetada en varias universidades y hospitales donde enseña, escribe y trabaja. Ya sea que su confort provino del calor de un horno o de una vela, Marianne irradia su calor, su amor y su ternura hasta el día de hoy. Ella ha correspondido muchas veces más el regalo de la vida que le fue dado.

Capítulo 7

Romance sobre la azotea

«Lo mejor que un padre puede hacer por sus hijos es amar a su madre». Theodore Hesburgh

Aun en medio de la guerra, mi madre y mi padre, (los jóvenes Mary y Jim) sabían que la vida no podía ser solo trabajo. Había un tiempo y un lugar para trabajar y un tiempo y un lugar para divertirse. Trabajan esmeradamente y solo sacaban tiempo para recrearse cuando terminaba la jornada semanal.

El turno de noche de mi padre terminaba alrededor de las 11 p.m. y entre semana la mayoría de los hombres regresaba a casa y descansaba para las próximas noches de trabajo. Sin embargo, los jueves por la noche, se tomaban un respiro, listos para bailar casi al final de una larga y dura semana. Los jóvenes trabajadores se darían una rápida ducha, se vestirían con sus trajes de fiesta y se reunirían en la azotea de la Asociación Cristiana de Jóvenes local (YMCA). El grupo de trabajadores del día, en el cual laboraba mi madre, como ingeniera aeronáutica, — después de recibir un certificado de la universidad estatal— se les uniría. Mi madre y muchas otras mujeres fueron entrenadas en especialidades técnicas para ayudar en la Compañía Martin mientras muchos jóvenes eran llamados al servicio militar. El turno de trabajo de las mujeres terminaba alrededor de las 5 p.m. Por lo tanto, irían a casa para tomar una siesta después del trabajo, luego se vestirían y se reunirían con los maquinistas a la medianoche sobre la azotea de la asociación. La música tocaba bajo las estrellas y siempre había mucha comida y baile. Todos reían y bailaban y compartían historias. No pocas veces, la fiesta duraba toda la noche y los hombres acompañaban a las mujeres caminando hacia sus casas muy temprano por la mañana, justo a tiempo para vestirse y salir a trabajar. Jim siempre le ofrecía a Mary acompañarla a su casa. «Creo que le gustas a Jim, Mary», le susurró su hermana. Mary solo sonrió. "Talvez", pensó, pero no estaba segura. Él era muy bien parecido y siempre caballeroso, pero ella aún no estaba segura de sus sentimientos hacia ella.

Una mañana muy temprano, en su tranquilo camino a casa, mi madre decidió encender un cigarrillo pero no atinó a encender bien el fósforo y al instante la caja entera de fósforos prendió fuego, quemándole la mano.

—¡Ay!—exclamó, dejando caer el paquete en llamas sobre el suelo y pisándolo con su pie para apagarlo.

—¿Te quemaste la mano?—preguntó Jim—. Déjame ver.

Mary, siendo muy valiente, insistió en que estaba bien.

—No es nada, Jim —respondió Mary y no le permitió ver donde se había quemado la mano.

Pon zapatos cómodos en mi ataúd

En pocos minutos llegaron al edificio. Jim acompañó a Mary justo hasta la puerta del apartamento que ella compartía con su hermana y se dieron las buenas noches. Aproximadamente una media hora después, se escuchó un suave toque sobre la ventana de Mary. Era Jim. Había encontrado una farmacia de las que permanecen abiertas toda la noche y había comprado ungüento y gaza para cubrir la quemadura en su mano.

—¡Jim!, me asustaste —dijo mi madre al tiempo que deslizaba la ventana para abrirla—. ¿Qué estás haciendo de vuelta aquí?

—Toqué a la ventana para no despertar a Rose —susurró Jim con suavidad —. Aquí tienes, creí que podrías necesitarlos.

Le dio el paquete a través de la ventana y desapareció en medio de la noche antes de que Mary pudiera agradecerle apropiadamente. Mary estaba muy agradecida por el ungüento y la gaza, pero aún más lo estaba por su generosidad. Él había causado una gran impresión con ese simple gesto. Mi futuro padre acababa de demostrar algo muy importante. Le mostró a Mary que sabía lo que significa ser amable y bondadoso. El amor se muestra con acciones y no con palabras. Amor es poner las necesidades del otro antes que las propias, y esa noche así lo hizo Jim. Él podría simplemente haberse ido a casa y descansado en lugar de recorrer el vecindario en busca de algo para aliviar a Mary. El tomó la decisión correcta y le mostró a ella su verdadero ser.

Mi madre sabía que un hombre que antepone las necesidades de otros a las suyas era un hombre a quien a ella le gustaría conocer mejor y así lo hizo. Después de aquella noche, Mary y Jim se volvieron inseparables. Unos meses más tarde, Jim recibió la carta de citación para presentarse al servicio militar para la Segunda Guerra Mundial. Sin titubear, Jim le propuso matrimonio a Mary y ella aceptó incondicionalmente.

Capítulo 8

La catedral

«Mantén tu rostro siempre de cara al sol y las sombras caerán detrás de ti». Walt Whitman

Mi madre y mi padre se casaron en Baltimore, Maryland, a finales de agosto de 1944. Dos semanas después de que tomaron sus votos, mi padre fue a un campo de entrenamiento en Florida, como preparación para su envío a Alemania durante la Segunda Guerra Mundial. Mi madre le escribía todos los días mientras él estuvo en ese campo de entrenamiento. Habían planeado que ella lo visitaría para navidad, una vez que completara el entrenamiento, antes del despliegue militar. Como preparación para su visita, mi padre trabajó jornadas extra para poder tener suficiente tiempo libre para pasarlo con su esposa; hasta trabajó por las noches para pasar los tres días que ella estaría en su pueblo solamente con ella.

La tarde del sábado en que ella iba a llegar, mi padre reservó una hermosa habitación en un hotel, compró flores para la mesita de noche y trató de que todo estuviera perfecto para su llegada. A la hora que se suponía que ella llegaría, Jim corrió a la estación del tren solo para darse cuenta de que el tren se había atrasado desde las 7:00 p.m. hasta la medianoche. No se desanimó; por el contrario, regresó al hotel y trató de distraerse durante la espera. Lleno de ansiedad regresó a la medianoche solo para descubrir que una vez más el tren se había atrasado y que no llegaría sino hasta las 3:00 a.m. del domingo. Exhausto, regresó a las 3:00 a.m. y esta vez le dijeron que el tren se atrasaría otras cuatro horas, o sea hasta las 7:00 a.m. Frustrado y trasnochado, Jim regresó al hotel a esperar de nuevo. Estaba muy preocupado de quedarse dormido y no poder despertar a tiempo para encontrarse con Mary en la estación; se sentó en una silla junto a la cama y recostó solamente su cabeza sobre el borde de la cama, en un intento de no dormirse profundamente. Permaneció en esta extraña e incómoda posición, tratando de mantenerse semidespierto, pero las largas jornadas de trabajo, la exigencia de sus labores y su extenuado cuerpo hicieron que cayera de inmediato en un profundo sueño.

Jim despertó, el domingo en la mañana, cuando los rayos del sol entraron por su ventana. Entrando en un repentino pánico, abrió sus ojos y saltó de la silla. Con ojos borrosos, tomó sus lentes para ver el reloj. «¡Son las ocho! ¡No llegué a tiempo!» Salió en forma apresurada y corrió a la estación del tren, buscando a Mary con desesperación pero no había señales de ella. Dirigiéndose a un encargado en la estación, le preguntó jadeante:

—¿Había aquí una hermosa rubia esperando a alguien?

Pon zapatos cómodos en mi ataúd

—Ah, sí —contestó el encargado—, vestía unos zapatos de tacón muy fino. Esperó un largo rato, luego recogió sus bolsas, me agradeció con amabilidad y se marchó.

—¿Dijo a dónde iba?

—No, lo siento, amigo.

Mi padre corrió desde la estación buscando en cada cafetería o restaurante, calle arriba y calle abajo, mirando con cuidado por todas partes con la esperanza de encontrar a su esposa. "La he decepcionado", pensó. "Ella no conoce a nadie, contaba conmigo para recogerla y llevarla al hotel y ahora está perdida en una ciudad que no conoce. Le he fallado. Y ahora, ¿qué haré?". Los teléfonos celulares no se habían inventado aún y la única comunicación previa que habían tenido había sido por medio de cartas, así que Jim se sentía desvalido y preocupado. Después de horas de búsqueda, Jim, solo y frustrado entró en la catedral del lugar y se arrodilló en la esquina trasera de una banca de la iglesia para orar. Dejó caer su cabeza entre sus manos y le rogó a Dios que le ayudara, mientras las lágrimas rodaban en silencio por sus mejillas. Pronto la iglesia se fue llenando de feligreses. Familias y soldados tomaron sus lugares en las bancas, listos para el servicio dominical de la mañana. Mi padre, que había establecido su propia conversación con Dios, fue sacado de su meditación por el familiar sonido que unos zapatos de tacón fino hacían al caminar por el pasillo de mármol de la iglesia. Levantó su cabeza, volteó a mirar y vio a mi madre que caminaba por el pasillo central para sentarse en una de las primeras bancas. Mi padre, aliviado y emocionado al verla, de inmediato se levantó e hizo lo que cualquier hombre que no ha visto a su amada esposa en cuatro meses hubiera hecho. Corrió de vuelta al hotel, se afeitó, se cepilló los dientes y el cabello, se apresuró a regresar a la iglesia y se sentó junto a ella, en su banca, donde tuvieron un maravilloso y sincero reencuentro.

La lección real de esta historia vino años después. Cuando de niña escuché la historia sobre el tren retrasado, le pregunté a mi madre qué había pensado ella al no encontrar a mi padre en la estación. Mi madre pudo haber reaccionado como víctima y decir que estaba preocupada y asustada o pudo haber culpado a mi padre y decir que él debió haber estado ahí. Ninguna de esas fue su respuesta. Ella, en cambio, casi sin darle mayor importancia, dijo:

—Yo sabía que él me encontraría, no estaba preocupada.

—¿Cómo hiciste para no preocuparte, qué hiciste? —pregunté.

—Fui y encontré una habitación en un hotel, me cepillé el cabello y me fui a la iglesia —respondió.

Según mi madre, uno únicamente debe hacer las cosas, sin drama y tener mucha fe. Prepararse para lo que uno necesita y vivir la vida. Siempre he tratado de imitar a mi madre y la fortaleza que ella demuestra en cada día. Aun hoy, casi treinta años después de la muerte de mi padre, mi madre hace lo mismo que hizo aquel domingo por la mañana en la estación del tren. Cuida de su hogar, cuida de su cabello, va al salón de belleza todos los viernes de forma puntual y va a la iglesia. Ella siempre tiene una actitud que dice «Yo puedo hacer esto, no hay problema».

Pon zapatos cómodos en mi ataúd

Cuando le pregunté a mi madre por qué se casó con mi padre justo antes de que él se fuera a la guerra, ella con gran cuidado contestó: «Quería darle algo por qué vivir».

Mis hermanos y yo estamos muy felices de que así lo hiciera.

Capítulo 9

La cantimplora

«El río atraviesa por entre las rocas no por su fuerza sino por su persistencia». James N. Watkins

Un día, mi madre le pidió a mi padre que compartiera con sus hijos algún evento del tiempo que sirvió en la Segunda Guerra Mundial. Ella pensaba que eso nos ayudaría a comprender mucho mejor el carácter de mi padre. Él nos contó cómo su unidad militar estuvo en una misión que incluía cruzar un pequeño y destartalado puente en sus *jeeps*. Cuando los hombres en sus *jeeps* se agruparon sobre el puente, este de repente comenzó a tambalearse y la madera bajo las llantas hizo un fuerte chasquido.

«¡El puente está colapsando!», se gritaban los hombres el uno al otro mientras la sencilla estructura colapsaba por el peso, lanzándolos a todos junto con sus vehículos en las gélidas aguas.

Los soldados salieron de sus *jeeps* al tiempo que estos se llenaban de agua y se halaban y empujaban los unos a los otros alejándose del congelante río, hasta que todos lograron llegar salvos a la orilla.

—Contemos cabezas, compañeros, —exclamó su sargento— ¿Estamos todos? ¿Todos lo logramos?

Los hombres inspeccionaron, contando y revisando sus filas para asegurarse de que todos estaban presentes pero muy pronto descubrieron que faltaba un hombre.

—¡Sargento! ¡Falta John! —alguien gritó.

Muchos hombres saltaron de inmediato a las gélidas aguas en busca de su compañero. El tiempo se agotaba y empezaban a temer lo peor; no encontraban al hombre que faltaba. Negándose a darse por vencido en la búsqueda de John, mi padre continuó sumergiéndose cada más y más profundo, mientras tanto muchos otros soldados ya exhaustos se lanzaban hacia la orilla demasiado cansados para continuar. Jim se sumergió de nuevo y a través de las turbias aguas sintió una correa; sí, la correa de una cantimplora. El hombre que se estaba ahogando llevaba su cantimplora con la correa cruzada en su cuerpo. Jim reconoció la correa al tocarla y tiró de ella tan fuerte como pudo logrando sacar a su camarada de las profundas aguas. Jim logró llevar a John hasta la orilla con la delgada correa de la cantimplora. Uno de los hombres le dio resucitación boca a boca y salvaron su vida. Gracias a mi padre John sobrevivió para luchar un día más.

Esta historia nos demuestra a mí y a mis hermanos la fortaleza de perseverancia y la entrega que aquellos hombres tuvieron, al no darse por vencido en la búsqueda de su amigo desaparecido. Pienso en esta historia siempre que me siento cansada y pienso en darme por vencida. Mi padre fue siempre un héroe pero esta historia me recuerda una de las muchas razones por las que lo fue.

Pon zapatos cómodos en mi ataúd

Capítulo 10

Bujía sensibilizada

«No es que sea tan inteligente, es solo que les dedico a los problemas más tiempo». Albert Einstein

No todas las experiencias de mi padre en la guerra fueron traumáticas. Hubo momentos de calma durante sus días en la Segunda Guerra Mundial, en los cuales los soldados tenían la oportunidad de descansar y hallar la tranquilidad del día. Nos contó de algunas noches en que pasaban riendo y compartiendo con los hombres de la taberna local.

La taberna era muy popular y muchos soldados acostumbraban embriagarse un poco y luego trataban de conducir de vuelta a la base. No siempre en las mejores condiciones al salir, los soldados se montaban en cualquiera de los *jeeps* que estuviera disponible, ya que no se necesitaba de una llave para encenderlos, y de vuelta a la base. A menudo regresaban en un *jeep* diferente a aquel en el que habían llegado.

Mi padre observó que esto ocurrió muchas veces. Sabiendo que cada hombre era responsable del *jeep* que se le había asignado, y siendo un brillante mecánico, a mi padre se le ocurrió una simple y efectiva solución: quitaría la bujía de encendido de su vehículo después de parquearlo. Esta era tan pequeña como para caber en su bolsillo y ninguno de sus compañeros ebrios podría llevarse su *jeep* por error. Cuando él regresaba a su *jeep* por la noche, solo colocaba de nuevo la bujía de encendido en su lugar y regresaba a la base.

A veces la forma más fácil de hacer algo es la mejor.

Capítulo 11

La puerta trasera

«Lo que hay detrás de ti y lo que hay en frente de ti son insignificantes en comparación con lo que hay dentro de ti». Ralph Waldo Emerson

Mi padre a menudo se resistía a compartir sus historias de soldado en la Segunda Guerra Mundial, ya que fue una época muy difícil. Siendo muy niña, trataba de comprender la intensidad de su experiencia y, aunque era muy difícil a veces, una historia me recordaba la seriedad de la guerra.

La unidad militar en que estaba mi padre se dirigía a un pequeño y desolado pueblo. Mi padre y otro soldado tenían órdenes de entrar a un edificio y cerciorarse de que era un lugar seguro. Él y su compañero se cubrían el uno al otro y corrieron hacia la puerta delantera del edificio para corroborar que no había nadie adentro. El edificio estaba oscuro y callado, pero algo parecía no estar bien. Un extraño sentimiento de inquietud se apoderó de mi padre por lo que de inmediato se detuvo.

Le hizo señas a Herb, su compañero, indicándole que deberían ingresar al edificio por la puerta trasera, y así lo hicieron. Muy despacio, empujaron la pesada madera de la puerta trasera y, para su sorpresa, esta se abrió con toda facilidad. Ambos irrumpieron en el edificio con sus armas listas buscando en cada aposento algún signo de movimiento, todos sus sentidos estaban en máxima alerta. Revisaron cada rincón del edificio, por un tiempo que pareció una eternidad. Luego de algunos intensos minutos, determinaron que en el edificio no había tropas enemigas y era seguro para que su unidad ingresara.

Por último, Herb y mi padre llegaron a la puerta frontal y vieron algo que los sorprendió. Descubrieron que esta tenía cables y un extraño mecanismo colocado en ella. Era una trampa explosiva. Si alguno de ellos hubiera entrado por ahí, habría muerto. Mi padre y su compañero se miraron con ojos de sorpresa exhalando profundos y largos suspiros. Gracias a Dios, mi padre había confiado en sus instintos. Estaba agradecido por ese inquietante presentimiento que había salvado sus vidas.

Mi padre nos narró esta historia en forma despreocupada; sin embargo, yo sé que si él hubiera abierto esa puerta, ni yo ni mis tres hermanos habríamos estado sentados frente a él escuchando sus palabras.

Trato de recordar esta historia cuando me enfrento a un reto importante. Me recuerda que debo revisar a veces la puerta trasera, cuando la situación es difícil y cuando se requiere de una visión más cautelosa. Me recuerda seguir mis instintos cuando algo se siente incorrecto o inquietante. A veces podemos considerar hablar con

Pon zapatos cómodos en mi ataúd

alguien en tono modesto o permitir otras opciones en lugar de apresurarnos ante una situación con total fuerza.

Me recuerda confiar en mis instintos; ellos podrían salvarme la vida.

Capítulo 12

Encuentra una solución

«Intenta ser el arcoíris en la nube de alguien».
Maya Angelou

Mi padre trabajó en el aeropuerto militar durante el tiempo en que sirvió en la Guardia Nacional. Una noche, se fue la electricidad en el aeropuerto y varios aviones fueron redirigidos a otros aeropuertos, ya que sin fluido eléctrico no hay suficiente luz en la pista de aterrizaje. Un piloto de los que estaban programados para aterrizar en la pista de mi padre se comunicó por radio a la torre de control, señalando que tenía poco combustible y que no podría desviarse. «Lo siento, señores, pero no tengo otra opción», comunicó con renuencia por la radio: «Debo aterrizar en su pista aunque tenga que hacerlo a oscuras».

El piloto intentaría aterrizar en la pista de mi padre y debería hacer su mejor esfuerzo para aterrizar su avión sin peligro. Al escuchar esto, y disponiendo de poco tiempo, mi padre y su equipo se pusieron a trabajar. Alinearon *jeeps* con las luces encendidas a ambos lados de la pista de aterrizaje, posicionando los vehículos de manera que las luces no enceguecieran al piloto al descender. Con rapidez, colgaron una gran sábana blanca desde las barracas hasta el final de la pista de aterrizaje y reflejaron las luces de los *jeeps* sobre ella para indicarle al piloto dónde terminaba la pista de aterrizaje.

El piloto alineó su descenso y bajó el tren de aterrizaje, todo el personal del aeropuerto observaba con expectativa. El piloto logró realizar un aterrizaje perfecto aquella noche, situándose justo en medio de los *jeeps*, asistido por los hombres de la tripulación quienes gritaban de alegría. El joven piloto bajó del avión y estrechó la mano de cada uno de los hombres que trabajaban en esa pista y que ayudaron a iluminar su llegada. Luego, le dijo a mi padre: «Cuando giré en la pista y vi su preciosa iluminación, me sorprendí. Tenía entendido que no tenían electricidad. ¡La pista estaba mejor iluminada que la mayoría de los lugares en pleno funcionamiento donde con regularidad aterrizo!»

Cuando parecía imposible, ellos encontraron una solución. Todos los días me recuerdo a mí misma: encuentra una solución, sé la luz para alguien.

Capítulo 13

La guerra

«El arte supremo de la guerra consiste en someter al enemigo sin luchar». Sun Tzu

Mi padre a menudo llevaba en su auto a sus sobrinos de la iglesia a la casa. Una tarde, llevaba a mi primo, John, desde Baltimore hasta su casa. John estaba en tercer grado y recuerda haber conversado con mi padre sobre del tiempo que estuvo en el ejército. Como todo niño de su edad, John estaba cautivado, mientras mi padre contestaba sus preguntas sobre el tiempo que estuvo en Alemania. John era muy curioso y absorbió cada detalle que mi padre le dio. Pasaron por un monumento de guerra y John expresó su respeto y admiración por aquellos que han servido a su patria, pero con el reconocimiento de un niño de tercer grado dijo:

—Esa guerra fue estúpida.

Mi padre guardó silencio y luego dijo en voz baja a su sobrino:

—Todas las guerras son estúpidas.

Ambos se mantuvieron en silencio por unos minutos mientras conducían. El ambiente estaba tenso pero ninguno quería interrumpir el solemne momento. John, aunque era apenas un niño de tercer grado, conocía muy bien la intención de mi padre. Sabía el orgullo que mi padre llevaba dentro y la lealtad que sentía por su país, aunque también meditaba sobre lo que mi padre debió haber visto y experimentado para haber hecho tal observación. John jamás ha olvidado esas palabras y ahora que observa a su hijo, David, servir a nuestro país, conoce bien la intensidad de su verdadero significado.

Capítulo 14

Piensa en grande

«Apúntale a la luna, si fallas aún le darás a las estrellas».
Les Brown

Mi padre era un vendedor sorprendente. Por varios años continuos, al inicio de su carrera, fue galardonado por su compañía como el mejor vendedor. Cuando tuve suficiente edad para comprender en su totalidad el impacto de tal logro, le pregunté cuál era el secreto de su éxito. «Jen, el secreto está en la actitud. Si quieres vender un rollo de alfombra, te vas para el trabajo con la mentalidad de que podrás vender tres rollos, luego dobla estas expectativas en tu mente», me dijo.

Este mantra se repetía en su cabeza siempre antes de entrar en un almacén. «Piensa en grande y dóblalo». Me contó cómo sus clientes entraban pensando en comprar dos rollos de alfombra pero mi padre lograba de algún modo venderles seis. El secreto para vender es creer de verdad en el producto o servicio que estás ofreciendo; es recordar que lo que estás vendiendo es más que una alfombra, es la comodidad, la elegancia y la satisfacción de alguien. A mi padre le gustaban mucho los productos de su compañía y así quedó demostrado. Él irradiaba confianza en el departamento de ventas, lo cual era además contagioso. Los clientes querían lo que él vendía por lo mucho que él creía en el producto, no podían hacer otra cosa que estar de acuerdo con él.

Integridad, honestidad y confianza siempre lograrán ganar en grande.

Capítulo 15

Acciones no palabras

«El amor comienza en casa y no consiste en cuánto hacemos, sino en cuánto amor ponemos en lo que hacemos». Madre Teresa

Como adolescente católica, mi madre recibió el sacramento de la confirmación. Este es el sacramento donde se nos renuevan los votos bautismales y seleccionamos a una persona modelo o a un santo para imitarlo en nuestras vidas. Mi madre eligió a Santa Luisa. Santa Luisa se dedicó a cuidar a los enfermos, a los pobres y a los abandonados. Mi madre hace lo mismo; la he visto hacerlo con total desinterés toda mi vida. Ella eligió a la santa ideal para imitar pues ha visitado más enfermos y ha ido a más funerales que todas las personas que conozco.

«Cuidar de los vivos y respetar a los difuntos», diría ella.

Cuando alguien muere, ella siempre me recuerda tener algún gesto amable por la familia doliente. «Nunca digas 'avísenme si necesitan algo'», me decía. «Nadie te dirá que se siente solo, que tiene hambre o que necesita una palabra de aliento. Simplemente haz algo». Ella me recordaba llevarles algo, dejarlo ahí en la puerta, llamarlos en días festivos o enviarles una tarjeta diciéndoles que estoy pensando en ellos. Las acciones siempre son mucho mejores que las palabras y nos ayudarán a sanar y a sentirnos reconfortados.

Una tarde, mi madre recibió una llamada telefónica. Su amiga y vecina, Betty, había fallecido. Mi madre salió de inmediato hacia su casa, abrazó a la hija de Betty y se sentó con ella unos minutos mientras la afligida hija compartía recuerdos de los últimos días de vida de su madre. Otros vecinos comenzaron a llegar a expresar sus condolencias. Mi madre, pidió una disculpa para salir, regresó a su casa y empezó a cocinar. Preparó una comida para la familia de Betty; horneó galletas y panes para que la hija de Betty ofreciera a aquellos que la visitaran en los próximos días.

Además, preparó sopa, mucha sopa. Suficiente sopa para que la familia comiera durante la larga y difícil semana. Sopa para calentar el alma y para compartir mientras recordaban a su madre. Sopa para ofrecerle a las visitas que llegaran a brindar sus condolencias. Algunas veces la comida puede significar más que solo algo para comer. Algunas veces estar presente en momentos difíciles puede expresar más que las palabras.

Hacer algo significa dar amor.

Capítulo 16

La sabiduría de Janell

«Sé fuerte, valiente y hermoso. Y cree que todo es posible si tienes a la gente correcta ahí para apoyarte».

Misty Copeland

Mi hermana Janell y yo compartíamos el dormitorio cuando yo era niña. Ella me conocía muy bien; a veces mejor que yo a mí misma. Algunas veces ella era ambas cosas para mí: mi hermana y mi madre, debido a los siete años de diferencia entre nosotras. Su sabiduría era inmensa pero yo no supe apreciar su intuición hasta que fui casi una adolescente.

Recuerdo mi emoción cuando me preparaba para el baile de viernes por la noche. Todas las conversaciones en las paradas de autobús y en el salón de clase se centraban en el baile que se aproximaba. Mis amigas y yo reíamos ante la expectativa de todos los acontecimientos que esa noche traería. Estábamos muy emocionadas con los chicos de nuestro salón de clase, quienes planeaban asistir, y tratábamos de predecir quién sería nuestra pareja al final de la noche. La expectativa crecía y el viernes por fin llegó.

El baile comenzó un poco lento. Los galantes varones se ubicaron a un lado del gimnasio y las jóvenes damas al otro lado. Mientras la música sonaba, nerviosos los adolescentes fueron sacando a bailar a las damas, y al tiempo que las luces se fueron atenuando, cada uno fue escogiendo su pareja. Yo observaba. No había teléfonos celulares con los cuales distraerse, no había Uber para regresar a casa. Yo solo miraba; veía cómo a cada una de mis amigas las invitaban a bailar en algún momento de la noche. Yo actué emocionada por ellas, cuando regresaban a sus asientos y describían cómo las habían sacado a bailar y que la música que habían bailado era su canción favorita. Yo escuchaba y fingía compartir su emoción.

Regresé a casa ese día, humilde y callada. Mi hermana que, había sido testigo de mi emoción previa al baile, me preguntó si alguien me había sacado a bailar.

—No, —respondí con voz suave y cabizbaja.

Atenta a responder, Janell dijo:

—¿Sabes Jen?, algunas veces a las muchachas más bonitas no las sacan a bailar.

Yo sabía lo que ella quería decir y recuerdo su sinceridad al hablar, ella en verdad creía lo que decía y en ese momento yo también lo creí.

Algunos años más tarde, mi colegio solo para mujeres se preparaba para el baile anual de invierno, para el cual las chicas son las que piden a los chicos de otros colegios ser sus acompañantes. Recuerdo que una tarde una amiga vino a mi casa y me preguntó si ya yo tenía acompañante para el baile. «Aún no», le contesté.

Pon zapatos cómodos en mi ataúd

Mi hermana escuchaba mientras mi amiga describía a un joven que ella conocía y que tal vez aún no tendría pareja para el baile. Ella describió al joven con tono de broma y luego agregó que era muy descortés, muy reservado y que parecía no muy amistoso. Yo le agradecí la sugerencia y le dije que le haría saber si acaso necesitaba que me lo presentara.

Cuando mi amiga se fue, Janell con su acostumbrada sabiduría, me tomó del brazo y me dijo: «Tú eres demasiado buena para conformarte con cualquier muchacho. No seas tan poco exigente. Cuando el chico correcto llegue, será muy afortunado de tenerte, ¡no lo olvides!»

Janell tenía razón, encontré un compañero increíble para ese baile y para los siguientes. Aprendí a creer en mí misma y en lo que valgo y a ser más exigente.

Recuerdo el día en que, años más tarde, le presenté a mi hermana un rubio surfista de ojos vivaces procedente de California, llamado Keith McCloskey. A los cinco minutos de conocerlo, Janell miró a mi madre y le susurró: «¡Conoce bien a este joven, será tu futuro yerno!»

Como siempre, Janell tenía razón.

Capítulo 17

Estar presente

«Cuando expresamos nuestra gratitud, nunca debemos olvidar que la más alta apreciación no está pronunciar dichas palabras sino en vivirlas». John F. Kennedy

Yo era apenas una joven de sétimo año cuando mi dentista decidió que yo debía usar frenillos. De casualidad, me puso los frenillos justo antes del baile formal de mi escuela. Un día después de que me pusieran los frenillos, mi novio terminó conmigo, dejándome sin pareja para el gran baile escolar. Cuando llegué al colegio al día siguiente, me sentía avergonzada y poco atractiva. Guardándome mi dolor, vagaba por los pasillos en silencio y sin deseos de conversar ni con mis amigas. «¿Qué te pasa, Jen?», preguntó una buena amiga mientras se sentaba junto a mí a la hora del almuerzo.

«Has estado callada todo el día, tú no eres así», dijo otra amiga, al tiempo que se acercaba a sentarse junto a mí a la mesa del comedor. Poco a poco abrí la boca para revelar el metal que cubría mis dientes. Con mucho disgusto les mostré mis frenillos y les conté lo de mi ruptura con mi novio, tratando de contener las lágrimas que ardían en mis ojos. Ellas trataron de alentarme con palabras de motivación.

«No se ven tan mal. Casi ni se notan». «Los frenillos son bonitos». «Él es un tonto, no necesitas estar con un tipo que termina contigo porque tienes frenillos en los dientes».

Nada que ellas dijeran lograba consolarme. Dejé que una sola lágrima rodara por mis mejillas mientras ellas hablaban. Traté de mantenerme valiente pero estaba devastada por dentro.

Sin embargo, lo que más recuerdo de aquel día es mi amiga Teresa Troha. Teresa caminaba conmigo a clases, se sentaba conmigo en cada clase y compartíamos pero no decía nada. Ella solo estaba ahí. Aún recuerdo cómo apreciaba en aquel momento el confort de su silencio. Ella me brindaba solo su compañía. Sabía que ella estaba ahí por si acaso yo necesitaba conversar, aunque no fui capaz de decir mucho. Yo solo necesitaba la compañía de alguien y esa era ella. No creo haber pronunciado palabra alguna aquella tarde por miedo a estallar en llanto.

Teresa fue para mí un claro ejemplo de lo que significa brindar compañía en el momento oportuno. Aun cuando no se sabe qué decir o qué hacer, el simple hecho de estar ahí es suficiente. Aun hoy recuerdo la forma en que actuó Teresa conmigo y trato de imitarla; estar ahí para otros en silencio, tranquila, amable. Mi padre siempre dijo que el noventa por ciento de lo que hay que hacer en la vida, se traduce en solo estar ahí para los demás; absolutamente cierto.

Pon zapatos cómodos en mi ataúd

En 2016, de manera sorpresiva, sufrí la pérdida de mi hermano mayor. Mientras caminaba hacia la iglesia para su funeral, levanté un momento la mirada y no me sorprendí al ver a Teresa, mi amiga del colegio, marchando mi difícil recorrido. A pesar de que no nos habíamos hablado en años, ahí estaba ella de nuevo, a mi lado, simple y silenciosa, junto a mí.

Solamente el hecho de estar presente lo es todo.

Hazte presente. Eso lo es todo.

Capítulo 18

Lo más importante es comprender

«Cambia tus pensamientos y cambiarás tu mundo».
Norman Vincent Peale

Mis padres no nos permitieron a mis hermanos ni a mí sacar el permiso de conducir hasta que cumplimos diecisiete años, aunque la edad mínima por ley en nuestro estado es de dieciséis, y todos mis amigos ya tenían su permiso de conducir días antes de su cumpleaños número dieciséis. Reclamé con firmeza ante mi hermano Mike por esta medida de mis padres.

—Es un abuso y no es justo. ¿Por qué tenemos que esperar? Todos mis compañeros ya tienen su permiso de conducir y algunos son menores que yo. Me siento como una tonta teniendo que pedirles que me lleven en sus autos, ¿será que nuestros padres no confían en mí?— pregunté.

Mike me detuvo de inmediato y me dijo:

—Primero que todo, no uses esas palabras. Ten cuidado con las palabras que usas, con ellas te estás describiendo.

Usa palabras que demuestren confianza porque tú eres una persona que confía en sí misma. Muéstrale siempre a la gente quién eres por medio de las palabras que utilizas —señaló con tono moderado.

Luego, me contó una historia que yo jamás había escuchado; una que me permitió comprender el porqué de la decisión de mis padres con respecto a sus hijos. Comprender era lo más importante.

«Nuestra abuela, la mamá de nuestro padre, caminaba hacia el mercado muy temprano un domingo por la mañana antes de ir a la iglesia. Iba a comprar lo que necesitaba para el desayuno de su esposo y sus nueve hijos. Cuando llegó a una esquina, ella fue golpeada por un joven de dieciséis años que conducía muy rápido y en estado de ebriedad el automóvil de su padre. El joven conductor venía de su fiesta de graduación. Conducía tan rápido que no logró ver a nuestra abuela. Ella murió de forma instantánea. Nuestro padre era el segundo más joven de sus hijos y después del accidente, todo lo que escuchó mientras crecía era que a los dieciséis años se es aún muy joven para conducir, demasiado joven para ser responsable de un automóvil. Nuestro padre no está tratando de quitarte tu libertad. Él está tratando de darte más tiempo para madurar y crecer antes de que pongas tu vida, y es muy posible que la de otros, en tus propias manos. Él te está protegiendo; no es un acto de confianza, es un acto de amor».

Nunca más cuestioné a nuestro padre y las reglas de conducir. En cuestión de minutos, de sentirme engañada

Pon zapatos cómodos en mi ataúd

pasé a sentirme honrada y protegida y recibí una lección de lo que significa comprensión, amor y madurez.

Capítulo 19

Mi héroe

«La perfección no es alcanzable pero si buscamos la perfección podremos lograr la excelencia».
Vince Lombardi

Mi padre fue el vicepresidente de una compañía muy grande. Un día, durante una reunión semanal, un miembro de su equipo de trabajo, Clark, colapsó, en forma repentina. Lanzándose a la acción, mi padre de inmediato inició medidas de resucitación, al tiempo que les indicaba a sus compañeros llamar por ayuda. Los rescatistas llegaron y comenzaron un tratamiento de emergencia, pero ya era evidente que Clark estaba en una condición grave. Lo llevaron de urgencia al hospital donde, tristemente, falleció unas horas después.

Mi padre llegó a casa aquella noche totalmente desanimado. Le contó a mi madre cómo había fracasado en su intento de salvar a aquel hombre, y que se sentía fuera de sí bajo el peso de lo que él consideraba una derrota absoluta.

Mientras mi madre trataba de consolarlo, alguien tocó a la puerta. Para nuestra sorpresa, era la familia de Clark; su esposa y sus dos hijos ya adultos. La primera reacción de mi padre fue la de disculparse por no haber sido capaz de salvar a su esposo y padre; sin embargo, el hijo de Clark lo detuvo en su disculpa y le dijo: «No has comprendido. Estamos aquí para agradecerte. De no haber sido por tu pronta respuesta y tu acción, mi padre habría fallecido en ese salón de reuniones. En cambio, nosotros tuvimos la oportunidad de estar junto a él durante sus últimas horas de vida y pudimos despedirnos. Qué gran diferencia fue poder tener esa conversación con nuestro padre. Es una conversación que nunca olvidaremos y jamás podremos agradecerte lo suficiente por ello».

Yo estaba sentada en la habitación contigua y escuchaba con atención lo que hablaban mi padre y la familia de aquel hombre. Es una conversación que yo tampoco podré olvidar jamás. Aunque mi padre no pudo salvar a su compañero aquel día, aun así él era un héroe y esta vez no solo para mí.

Nunca sabes cuándo tendrás la oportunidad de ser un héroe para los demás. Tal vez no sea algo grande, puede tan solo ser algo pequeño; por eso, siempre que tengas la oportunidad de ayudar, da un paso al frente y aprovéchala; no la dejes para otro día.

Capítulo 20

El conejito de madera

«Es mejor permanecer en silencio y ser tomado por tonto que abrir la boca y despejar todas las dudas».
Abraham Lincoln

A mi padre le gustaba «experimentar» en el garaje, reparando cosas que ya se consideraban inútiles. Él disfrutaba el arte de encontrar formas más eficientes de realizar tareas difíciles y le encantaba organizar sus herramientas, equipos, clavos, tornillos y tuercas, la mayoría de los cuales almacenaba en frascos de albañilería sin tapa.

Un día, me llevó al garaje para mostrarme un conejito de madera que había construido con su sierra de carpintería. Él había creado una réplica de un conejito que había comprado en una feria de artesanía local. Lo afinó con lija y lo pintó exactamente igual que el conejito de la feria, lo cubrió con barniz para agregarle brillo. A mi corta edad de entonces, no comprendí la importancia de lo que iba a acontecer durante los próximos minutos. Mi padre me mostró que era capaz de cortar con cuidado un conejito de una simple tabla de madera y elaborar una copia perfecta de un conejito creado por un profesional. Me explicó el método que usó para pintar el conejito y cómo le había puesto hasta una cinta alrededor del cuello, de forma exacta al original. Mi padre estaba tan orgulloso de su trabajo; yo no me di cuenta de que él había descubierto un nuevo talento y de que probablemente elaboraría muchos más conejitos para la familia.

—¿Cuál de los dos conejitos te gustaría tener?—me preguntó sonriendo.

Hasta el día de hoy me arrepiento de mi respuesta. Yo respondí como lo haría cualquier niña de mi edad.

—Quiero el conejito original, papi.

El original era perfecto, estaba pintado con gran precisión, la cinta en su cuello era brillante y su cara era muy real. "El conejito de mi papá es muy bonito pero no perfecto y yo quiero un conejito perfecto", recuerdo haber pensado.

Mi padre me dio entonces el conejito original.

—Aquí tienes, linda —me contestó sonriendo, sin la mínima muestra de arrepentimiento, pero jamás volvió a hacer otro conejito de madera.

Cuando miro hacia atrás, pienso que mis acciones rompieron las alas de su imaginación. Años más tarde, luego de que mi padre ya había fallecido y yo había madurado un poco más, encontré el conejito original en una caja. En ese momento comprendí que lo habría dado todo por tener el conejito de madera que mi papá había creado aquel día en nuestro garaje. Ahora el conejito

Pon zapatos cómodos en mi ataúd

original se ve frío y estéril, sin personalidad, sin vida, sin lazo alrededor de su cuello ni su pintura glamorosa.

Busqué el conejito hecho por mi padre pero nunca lo encontré. Aun hoy, conservo el conejito original; está sentado, estéril, sobre mi tocador, no porque me gusta, sino para recordar que hay que amar aquello que quienes me rodean hacen por y para mí, aun con sus imperfecciones. He aprendido que son justamente esos pequeños defectos lo que los hace perfectos.

Capítulo 21

¿Y si fracaso?

«No he fracasado. Solamente he encontrado diez mil formas que no funcionan». Thomas A. Edison

Mi hermano Mike, como consultor financiero y un genio en el mundo de las inversiones, a menudo se reunía con sus clientes más antiguos para discutir sus expedientes financieros. Recuerdo que Mike observaba que muchos de sus clientes más antiguos y experimentados, a menudo reiteraban las mismas ideas acerca de la vida. A menudo le recordaban dos lecciones de vida. En primer lugar, si hubieran sabido que iban a vivir tanto, habrían cuidado más su salud; y segundo, desearían tener menos cosas de que arrepentirse en sus vidas. Arrepentimiento, no por las cosas que hicieron, sino por aquellas que no hicieron. Mi padre y mi madre fueron ejemplos vivientes de esta forma de pensar.

Recuerdo que cuando niña, me ponía muy ansiosa cada vez que trataba de hacer algo por primera vez por miedo a no hacerlo bien.

—¿Qué pasa si fracaso? —le murmuraba a mi padre.

—¿Qué pasa si no fracasas?—me contestaba mi padre con una sonrisa.

Al día de hoy, cuando una idea negativa cruza por mi mente y empiezo a creer que no puedo hacer algo o lograr una meta, me repito esa frase: «¿Qué pasa si no fracaso?» Imagina las posibilidades.

Capítulo 22

Un acto con clase

«Mi padre dijo que hay dos tipos de personas: las que dan y las que reciben. Los que reciben comen mejor pero los que dan duermen mejor». Marlo Thomas

Mi hermano Jim era mariscal de campo en el equipo de fútbol de su colegio. Su colegio estaba planeando obtener un lugar en el campeonato del estado y el equipo contra el cual estaban jugando era demasiado bueno. El equipo contrincante tenía un jugador lesionado, quien siguió jugando a pesar de su lesión, y estaba jugando de defensa en la parte izquierda de la línea. Los compañeros de Jim se dieron cuenta de inmediato de la situación y pensaron aprovechar la oportunidad. Sin embargo, el entrenador principal de mi hermano se le acercó y le murmuró: «No importa qué posición juegues hoy no corras ni lances hacia la izquierda, —indicó—. Si les vamos a ganar, será con lo mejor que ellos tienen, no porque nos aprovechamos de su jugador débil y lesionado. Créeme, la victoria será aún más importante. No dejaremos dudas de que ganamos porque somos el mejor equipo».

Luego envió a Jim al campo a dirigir su equipo. Jim hizo lo que se le indicó evitando en cada jugada el lado izquierdo donde estaba el jugador lesionado. El equipo de Jim ganó el juego y un lugar en el campeonato del estado ese año.

Mi hermano recuerda la reunión después del juego que causó un impacto en su vida. Mientras los equipos se daban un apretón de manos y se felicitaban mutuamente, el entrenador del equipo oponente se acercó a Jim, se detuvo y estrechándole la mano le dijo: «¡Lo que hiciste hoy fue muy elegante, jovencito, hoy has jugado con clase!»

Jim asintió con su cabeza mientras un gran nudo se le subió a la garganta. Acababa de darse cuenta de que estaba recibiendo un elogio por parte de su oponente por el gran trabajo realizado. Esta lección cambió su forma de vivir, ya que lucha cada día por hacer todo con clase.

Capítulo 23

Desearía ser capaz

«El futuro pertenece a aquellos que creen en la belleza de sus sueños». Eleanor Roosevelt

Cuando era joven, recuerdo haber visto en la televisión un piloto volando su avión y realizar unas maniobras en él de forma inspiradora. Yo observaba sorprendida y cuando terminó el programa dije con gran emoción:

—¡Desearía ser capaz de hacer eso!

— ¿Y por qué no lo haces? —contestó mi padre.

—Yo no sé cómo volar un avión o dónde empezar a aprender —le respondí con resignación.

— ¡Pues toma el teléfono! —dijo mi padre motivándome.

Esto ocurrió antes de las computadoras y del internet. En su mente, hacer una llamada telefónica y preguntar qué había que hacer era la mejor manera de investigar.

«No hay diferencia entre esa persona y tú, ellos solo supieron dónde buscar la información que necesitaban para lograr hacer algo. Tú tienes esa habilidad, toma el teléfono», insistió mi padre.

Recuerdo que yo estaba viendo las olimpiadas con mi madre y después de cada participación, mi madre acostumbraba repetir la misma frase: «Estoy segura de que tú puedes hacer eso».

En ese momento, yo era una joven y aceptable gimnasta pero de ningún modo podía hacer esquí slalom o saltar con vara. Mi madre tenía tanta confianza en que yo podía realizar todas esas habilidades que poco a poco yo también comencé a creerlo. Ella no solo me dio la confianza sino además el convencimiento de que yo podía lograr cualquier meta que me propusiera.

Al día de hoy, veo las Olimpiadas y pienso: "Estoy segura de que puedo hacer eso". Gracias mami.

Este pensamiento de *encuentra la forma* se quedó en mi mente hasta el día de hoy. Cualquiera puede decirte por qué algo no se puede hacer pero yo solo necesito una forma en que sí se pueda hacer. Lucharé cada día para encontrar esa forma de lograr algo. Mi padre me enseñó que yo podía hacer cualquier cosa y mi madre siempre me motivó para que lo intentara.

Capítulo 24

Explorando

«Cuanto más sudas en la paz menos sangras en la guerra».
Norman Schwarzkopf

Mi padre también se dedicó a los bienes raíces por muchos años, mucho antes de que tuviéramos teléfonos celulares y sistemas de posicionamiento global (GPS) en nuestros automóviles; Pá estudiaba los mapas y así aprendía las calles y sus nombres. Siempre conocía la ruta más rápida y más hermosa para llevar a un posible cliente.

Cuando yo era niña, mi padre acostumbraba decir: «¡Eh, vamos a explorar!». Eso significaba largas horas en auto, recorriendo carreteras hasta ver adónde llegaban. Encontrando más caminos sin conexión y más calles sin salida de las que yo creí que podían existir, mi padre encontraba diversión en las más pequeñas cosas. Él siempre insistía en decirme: «Si conoces tu ubicación en general, podrás viajar hasta con los ojos vendados y siempre encontrarás cualquier dirección». Me enseñó cómo leer la posición del sol para determinar mi ubicación general. Había una casa muy vieja que habían transformado en un pequeño restaurante llamado «El Pepinillo Feliz» donde a menudo nos deteníamos durante los días de exploración para almorzar. Lo único bueno de esas «exploraciones» de cuando yo era niña era que siempre terminaban ya fuera con un almuerzo en «El Pepinillo Feliz» o un granizado de la tienda 7/11 (*Seven Eleven*). Mi padre se emocionaba muchísimo cuando encontraba un atajo o una nueva carretera que nadie más conocía.

Cuando crecí, durante una de esas exploraciones descubriendo mi país, recuerdo que pensé, "Esto no tiene sentido, ninguna de estas calles me parece conocida. Siento como que estamos conduciendo en círculos". En ese momento me di cuenta de que había desperdiciado todo ese tiempo de aprendizaje en exclusiva con mi padre en el auto. Al mirar atrás, reconozco que debí haberle pedido que me contara historias de su niñez, quiénes eran sus héroes o tan solo que me enseñara algo nuevo.

No mucho tiempo después de obtener mi permiso de conducir, iba conduciendo mi auto con una amiga, después de haber dejado a una compañera en su casa. Nunca antes habíamos estado en la casa de esa persona y al ir conversando y riendo no pusimos atención a los caminos que tomamos. Así que cuando salimos de su casa, tomamos de regreso el camino que creíamos que nos llevaba a nuestra casa. Condujimos por un lapso que pareció largas horas sin llegar al menos cerca de casa; estábamos perdidas. Tratar de descubrir dónde estábamos, sin teléfonos celulares o algún sistema para encontrar nuestra ubicación, parecía imposible. El sol empezó a ocultarse y ninguna de nosotras quería admitir

Pon zapatos cómodos en mi ataúd

que había perdido el sentido de ubicación. Miré al sol poniente y gracias al cielo recordé los consejos de mi padre sobre la ubicación. Muy bien, entonces vamos hacia el norte, eso es correcto, pero nada me parecía conocido. Giramos hacia una nueva carretera, esperando que algo nos ayudara a saber nuestra ubicación, y fue ahí cuando en una carretera lateral, justo sobre una colina, estaba la pequeña casa convertida en restaurante. «El Pepinillo Feliz» se levantaba como un faro. Y yo ya sabía dónde estaba.

A pesar de que habían transcurrido varios años, yo había podido recordar este lugar y cómo regresar a casa a partir de ahí. Pensaré en mi padre por siempre en cada descubrimiento y en silencio le agradeceré por los hermosos días en los que me llevaba a explorar.

Capítulo 25

La viga de equilibrio

«No hay desgracia en el fracaso, la desgracia está en no intentarlo». Cathy Rigby Mason

Cuando niña, tomé lecciones de gimnasia en un gimnasio local. Una tarde, el gimnasio estaba vendiendo viejos equipos que ya no necesitaba.

—¿Cuánto cuesta esta pieza?—le preguntó mi padre al dueño, refiriéndose a una vieja viga de equilibrio que estaba sobre el piso.

—Solo cinco dólares por esa viga.

—¡La compro! —dijo mi padre dando el dinero a cambio.

Mi padre le hizo algunas leves modificaciones al aparato y, en la tarde, yo ya me estaba dando gusto dando vueltas y giros en mi nueva viga de equilibrio. Esto fue el inicio de mi adicción diaria sobre la viga. Mi pasión por la gimnasia continúo por años. En los primeros años, en la Universidad de Maryland, participé en el equipo de gimnasia de exhibición. Al final de cada de cada temporada, nuestro equipo realizaba su Exhibición Anual donde nuestras familias y amigos podían asistir a la exhibición final. Mi actividad favorita, era, por supuesto, la viga de equilibrio; ya que tenía muchos años de práctica y con toda mi emoción, me subí en la viga. Por alguna razón esa noche, mi primer ejercicio resultó un poco impreciso y me caí de la viga. Mi confianza no disminuyó y sin pensarlo dos veces, me volví a subir y continué. Di un salto, un giro, un remontado hacia atrás y volví a caer. Me subí de nuevo con rapidez y continué con otro ejercicio, cayéndome de nuevo. De inmediato volví a subirme, casi deseando que nadie se estuviera dando cuenta. Y justo antes de la desmontada, me caí de nuevo. Esta rutina parecía más una ejecución de trampolín que un ejercicio de viga de equilibrio. Una vez más me volví a subir en la viga, completé mi rutina y desmonté. Me caí de la viga la desalentadora suma de cuatro veces esa noche, pero logré completar mi participación, tomando parte en otras actividades con mi cabeza muy en alto, aunque con mi ánimo muy abajo.

Una vez concluida nuestra presentación, nuestro grupo salió para que la audiencia lo felicitara. Todos comentaban sobre lo magnífico que estuvo el evento y lo bien que habíamos trabajado todos. Nadie mencionó una palabra sobre mi rutina de caídas y desequilibrio. Una vez que la multitud se fue dispersando, observé a mi padre que estaba de pie en la parte trasera del recinto. Caminé hacia él tratando de ocultar mi vergüenza.

«Aprendí algo de ti esta noche», dijo con voz suave y con una leve sonrisa. «Nunca te rindes», dijo con orgullo al tiempo que se acercaba para abrazarme.

Pon zapatos cómodos en mi ataúd

Recuerdo que también lo abracé, estrechándolo con todas mis fuerzas mientras unas calladas lágrimas rodaban desde mis mejillas hasta su pecho. Yo lloraba, no por su compasión, sino por su gran capacidad de ver la luz en la situación más oscura y me sentí tan agradecida de que él fuera mi padre. Él aprendió algo de mí esa noche, pero yo aprendí algo de la vida y sobre todo, algo de mí misma. Nunca olvidaré las palabras de mi padre porque ellas me hicieron quien soy hoy.

Capítulo 26

La prueba de fuerza

«Nada es imposible, la palabra misma lo dice I'm posible (soy posible en inglés)». Audrey Hepburn

Un sábado, mientras estudiaba en la Universidad de Maryland, realizamos una especie de Olimpiadas Universitarias para los estudiantes residentes en los dormitorios. Mi padre me dio la sorpresa de asistir a la actividad. Se realizaron los juegos que se acostumbraba en las Olimpiadas estudiantiles y mi padre nos vitoreaba a mí y mis compañeros del dormitorio estudiantil durante cada uno de los alocados retos. Entre evento y evento, yo iba hasta donde estaba mi padre para asegurarme de que se estaba divirtiendo y de que no se sintiera ignorado. Él disfrutaba estar rodeado de adultos jóvenes y estaba pasándola muy bien observando nuestras maniobras. El evento final de las Olimpiadas consistía en una prueba de fuerza entre los dos mejores equipos. Para hacer el evento aún más emocionante, el Departamento de Bomberos de la Universidad de Maryland trajo su máquina de espuma a la actividad. El objetivo era hacer un pozo de barro y espuma para que los que perdieran la prueba de fuerza cayeran y se sumergieran en él mientras los ganadores, en forma instantánea, se cubrían de gloria.

Llegó la hora del último evento y mi equipo era uno de los finalistas. Nosotros observábamos y esperábamos mientras la cuadrilla del departamento de bomberos intentaba encender la máquina de hacer espuma. Parecía que les estaba tomando más tiempo de lo usual. Miré hacia donde estaba mi padre, quien se encontraba cerca de la máquina y quien había estado también mirando con atención lo que hacían los bomberos. Corrí hacia mi padre para ver cómo estaba.

—¿Cuál parece ser la situación ahí, Jen? —me preguntó intrigado.

—Parece que están teniendo problemas para encender la máquina… —comencé a explicar.

Pero antes de que yo terminara de hablar, mi padre me dio su abrigo, se arrolló las mangas de la camisa y luego de dar unos pocos pasos, estaba hablando con los bomberos. Cuando me di cuenta, mi padre ya tenía un pie sobre el motor de la máquina y los bomberos le pasaban sus herramientas. Todos empezaron a preguntarme: «¿Quién es ese hombre?», a lo cual yo con gran orgullo respondí: «¡Ese es mi padre!»

No hace falta decir que mi padre reparó la máquina de espuma aquel día y la hizo funcionar, recibiendo una buena ovación de parte de los participantes que esperaban.

Aunque por desdicha mi equipo perdió la última competencia y yo terminé cubierta con barro y espuma,

Pon zapatos cómodos en mi ataúd

eso ya no importaba tanto. Lo que importaba era que mi padre salvó el día. Mi padre, ese hombre que me enseñó a nunca rendirme y siempre intentarlo.

Capítulo 27

La mejor revancha

«Amaré la luz porque me muestra el camino, aunque soportaré la oscuridad porque me muestra las estrellas».
Og Mandino

Una tarde, me hallaba sentada en mi apartamento, en silencio, cuando recibí la llamada telefónica de mi hermana Janell. De forma inmediata, ella notó en que mi voz sonaba un poco apagada y preguntó por qué. Yo, que al fondo alcanzaba a escuchar las ruidosas y alborotadas voces de sus hijos, Josh y Sam, y no queriéndola agobiar, insistí en que me sentía bien. Ella continúo insistiendo por una respuesta. « Te conozco, no estás bien, algo te pasa. ¿Qué te ocurre, Jen?», me susurró. Janell me conocía mejor que nadie, su actitud cariñosa siempre me ha hecho sentir muy amada. No éramos solamente hermanas, éramos amigas. Podíamos compartir cualquier cosa, ella siempre estaba ahí para apoyarme.

Le confesé que estaba muy triste por la reciente ruptura con mi novio. Yo traté de asegurarle que me sentía bien y le recordaba a ella y a mí misma que no necesitaba amar a alguien que no me correspondía.

Mientras ella me escuchaba tratando de mantenerme valiente aquella noche, ella finalizó su llamada telefónica dándome el mejor consejo que he recibido en toda mi vida. «Sabes, Jen, la mejor revancha es vivir bien». Yo sabía que iba a seguir adelante para encontrar más grandes y mejores cosas en mi vida, mejores relaciones y tiempos más felices. Siempre recuerdo ese consejo, no porque quisiera venganza o por demostrarle a alguien que era capaz de sobrevivir o por sentir que soy mejor que alguien más, sino para recordarme a mí misma que había algo mucho mejor para mí y que yo sin duda lo hallaría.

Piensa bien de ti mismo. Trátate con cariño y haz las cosas que te hacen feliz y vivir bien. Gracias, Janell, por preparar mi corazón para el futuro.

Capítulo 28

Desde la ventana

«Qué maravilloso es que nadie necesite esperar ni un solo momento antes de empezar a mejorar el mundo».
Anna Frank

Nuestra vecina, la señora Ann, murió muy joven. La sobreviven un marido maravilloso y cuatro hijas extraordinarias. Las jóvenes mujeres crecieron justo en la casa de enfrente a la nuestra y vimos cómo vivieron sus vidas en forma plena y significativa, a pesar de que perdieron a su madre tan pronto en la vida. Recuerdo cómo mi padre y mi madre tomaron su pérdida muy serio. Ellos le enviaban comida a la familia a menudo y siempre pensaban en ellos y velaban por sus intereses. A menudo encontraba a mi madre sentada en el corredor del frente de mi casa hablando con alguna de las jóvenes mujeres acerca de sus estudios, amigos y la vida. Mi madre mantuvo una mirada atenta sobre las muchachas mientras crecían. Su padre es maravilloso pero mi madre sentía que debía protegerlas, algo así como una madre sustituta.

Una noche, a Liz, una de las jóvenes, la trajo el novio hasta su casa. Mi madre conocía al novio de Liz, Alex, y observaba mientras él se estacionaba en la entrada de calle frente a la casa y dejó que Liz caminara sola en la oscuridad hasta la puerta. De casualidad mi madre alcanzó a mirar por la ventana de su dormitorio cuando Alex y Liz parqueaban el auto esa noche. Recuerdo ver la ventana de mi madre abrirse completamente y a mi madre diciéndole a Alex: «¡Salte del auto y acompáñala hasta la puerta como todo un caballero!¡La casa está oscura! Que no te vuelva a ver dejándola así de nuevo, sin acompañarla hasta la puerta».

Alex salió de inmediato del auto y Liz, con elegancia, aceptó que la escoltara por las cinco gradas que llevaban a su casa. Yo me sentí apenada al ver a mi madre gritarle así al pobre Alex por la ventana.

Al día siguiente, Liz estaba a la puerta. Mi madre la recibió con amabilidad y le ofreció una disculpa por su atrevimiento. «No te disculpes; vine a agradecerte», dijo Liz.

Ella se sentía muy emocionada de saber que mi madre estaba llamándole la atención a Alex y le agradeció por haber intervenido.

Alex y Liz se casaron poco tiempo después y ahora tienen dos maravillosas hijas, quienes, sin duda, también serán escoltadas hasta la puerta de su casa al final de cada cita.

Capítulo 29

Haz-lo correcto

«Algunas veces tomas la decisión correcta, algunas veces tomas la decisión correctamente». Phil McGraw

Una vez, me ofrecieron una emocionante oportunidad de trabajo y yo estaba pasando por un momento muy difícil tratando de tomar la decisión: aceptar la nueva oferta de trabajo o quedarme en el trabajo que actualmente tenía. Llamé a mi padre para pedirle su consejo. Yo siempre quería su opinión ante decisiones difíciles. Yo le comenté sobre mi lealtad por mi actual trabajo y cómo realmente me encantaba la gente, pero que el nuevo trabajo ofrecía un nuevo reto.

Mi padre escuchaba mientras yo le exponía metódicamente los pros y contras de cada empleo. Él escuchaba mientras yo le explicaba los beneficios de cada carrera. Después de hablar por cierto tiempo, le pregunté a mi padre qué pensaba. Su opinión era lo más importante del mundo para mí. Yo sabía que él me ayudaría a tomar la decisión correcta.

—Parece que ya tú has tomado tu decisión —me dijo sonriendo.

—No, en realidad, no estoy segura—insistí.

—Jen, solo recuerda que cualquier decisión que tomes será la correcta porque tú lo harás correctamente, me reiteró. Si te quedas en el trabajo que tienes ahora, serás feliz. Te gustará la gente con la que trabajas y seguirás creciendo, no tengo ninguna duda. Si tomas el nuevo trabajo, conocerás gente nueva, aprenderás el nuevo trabajo y continuarás creciendo. Así que, cualquier decisión que tomes, lo harás correctamente, no hay necesidad de preocuparse.

Esas palabras me han guiado hasta el día de hoy. Ten confianza en ti mismo y en tus decisiones.

Capítulo 30

Sabios consejos

«Predica el evangelio y, si es necesario, utiliza las palabras». San Francisco de Asís.

Me estaba preparando para entrenar un grupo de vendedores para un seminario que debía dar la semana siguiente y compartí con mi madre la investigación y las entrevistas que había hecho para prepararme. Mi madre, quien había sido agente de bienes raíces por cuarenta años, dijo:

—Tengo algunos consejos para darte.

—Claro—contesté, recordando ávidamente que ella había sido miembro del Club del Millón de Dólares en ventas por muchos de esos cuarenta años —. ¿Qué tienes en mente?

—Siempre que hablaba con clientes potenciales y los visitaba en sus hogares, para ofrecerles poner sus propiedades en lista y ubicarlos en el mercado a través de mi compañía, recordaba cuatro aspectos básicos —me dijo con una sonrisa amplia.

»Límpiate los zapatos antes de entrar a su casa, así muestras que te interesas por su hogar. Estrecha su mano al saludar, firme pulgar con pulgar mientras los miras a los ojos y sonríes, así demuestras tu emoción por conocerlos. Si tienen un bebé, dale un beso, si tienen un perro, ¡acarícialo! Muéstrales que te interesas por ellos, hazles saber que son importantes no solo como futuros clientes sino como futuros amigos.

Mi madre me recordó que *el respeto* era el pilar sobre el cual se construye la clientela. Ella no solo tenía clientes que en forma reiterada buscaban sus servicios, sino que debido a su enfoque solidario y al largo tiempo que estuvo en el negocio, era agente de muchos de los hijos de sus clientes más recientes, cuando andaban en busca de su primer hogar y de una nueva amiga.

Capítulo 31

El pequeño Jim

«Un verdadero conservacionista es el hombre que sabe que el mundo no le fue dado por sus padres, sino que lo tomó prestado de sus hijos». John James Audubon

Estaba haciendo de niñera al cuidado de mi sobrino, Jim, cuando él tenía tres años de edad. Su familia tenía una computadora moderna y mi sobrino de tres años sabía cómo funcionaba y cómo jugar sus juegos de computadora favoritos. Su padre le había mostrado cómo conectarse y cómo seleccionar el juego deseado. En esta tarde en especial, para complacerlo, jugamos en la computadora juntos por muchas horas. De repente, en medio de un juego, la pantalla de la computadora se quedó sin imagen. Mi primo hizo los intentos de un niño de tres años para reparar el sistema, pero no lo logró. Yo traté de recuperar la pantalla pero nada de lo que hacíamos parecía dar resultados. De inmediato, lo entretuve en otra actividad, para distraerlo, y tal vez distraerme yo también, del hecho de que acabábamos de descomponer su costosa computadora.

Como cualquier niño de tres años, Jim quería mantenerse despierto hasta que llegaran sus padres. Yo se lo permití, esperando que no se hiciera ningún comentario acerca del previo malfuncionamiento de la computadora cuando ellos regresaran a casa. Jim y yo jugamos juegos de mesa y leímos y pronto nos olvidamos de la computadora.

En el instante en que mi hermano y su esposa entraron por la puerta, mi sobrino saltó con rapidez, tomó a su padre de la mano y lo llevó directo a ver la computadora con la pantalla sin imagen. «Mira, papi, dejó de funcionar», dijo Jim.

Yo de inmediato comencé a hacer esfuerzos por dar una posible excusa de cómo había ocurrido. Antes de que yo encontrara una razón de por qué no era mi culpa, mi hermano presionó un par de teclas y la computadora estaba bien y funcionando de nuevo. Mi hermano felicitó a su hijito por comunicarle lo que había sucedido.

Mi pequeño sobrinito me recordó que debo enfrentar mis temores, ser honesta y directa. Un niñito de tres años me enseñó una lección especial de carácter ese día.

Capítulo 32

Un desconocido

«Cuanto más hondo penetre la tristeza en tu ser, más alegría dentro de ti puedes tener». Kahlil Gibran

Mi padre fue diagnosticado con cáncer terminal de estómago tres meses y medio antes de mi boda. Cuando mi madre, mis hermanos y yo llegamos a casa de mis padres, del hospital, el día del diagnóstico, estábamos llorando y haciendo todo lo que podíamos para consolarnos los unos a los otros. Mis padres tenían un trabajador en su casa haciendo un retoque de papel tapiz y pintura, previo a la boda. El joven, que había estado trabajando en el recibidor de la casa, observó cómo todos nosotros entramos llorando y abrazándonos unos a otros.

Al darme cuenta de cómo se debía de ver esta escena para alguien que no tiene la menor idea de lo que está ocurriendo, me le acerqué y le dije:

—Lamento mucho toda esta conmoción en la casa. Acabamos de recibir muy malas noticias.

El joven hombre me miró y dijo:

—No sé por lo que están pasando en este momento, pero quiero que sepas que todo va a salir bien.

Fue como si esas palabras de repente sonaran en mi cabeza «todo va a salir bien, todo va a salir bien». Por alguna razón, me aferré a esas palabras. El joven hombre del papel tapiz recogió sus herramientas y se marchó poco tiempo después. Mi familia y yo continuamos llorando y consolándonos y hablando de lo que debíamos hacer.

Durante todo el tiempo esas palabras hacían eco en mi mente. Todo va a salir bien. En ese momento sentí paz. Esas palabras amables de parte de un desconocido me ayudaron durante el tiempo en que mi padre estuvo enfermo. Solo saber que había esperanza y palabras amables para expresar solidaridad, marcó la diferencia.

Haz la diferencia.

Capítulo 33

Amy

«Obtenemos fuerza y motivación de observar a los niños».
Hayao Miyazaki

El día de mi boda con Keith, mi padre se estaba poniendo su traje. Como había tenido una cirugía de cáncer de estómago tres semanas antes, tenía una enorme incisión en su abdomen. Mientras se vestía, su incisión se empezó a abrir y a sangrar. Cuidadoso de no manchar su camisa con su sangre, con suma prontitud, trató de reparar la herida. Mi abuela, Rosalie, que se estaba vistiendo para la boda en la casa de mis padres ese día, y que era enfermera, de inmediato le puso algunas suturas de mariposa en la herida.

Mi padre me llevó hasta el altar esa tarde, con aparatos ortopédicos en sus piernas bajo su elegante traje y sangrando por su herida abierta. De alguna forma, se mantuvo positivo, con una franca sonrisa durante toda la tarde al compartir conmigo mi emoción. Yo no imaginaba el dolor que él sentía hasta que llegó el momento del baile de la novia con su padre.

Justamente antes del baile de la novia con su padre, recuerdo haber visto a mis sobrinas, Jenny y Erin, y a mis sobrinos, Jimmy y Chris. Todos ellos estaban en la fiesta de la boda y todos eran muy jovencitos. Ellos se turnaban para bailar con la niña que llevaba las flores, que apenas tenía dos años de edad y quien era su hermana menor, Amy. Ellos hicieron todo lo que pudieron para mantener a Amy fuera de la pista de baile, mientras el encargado de la música se preparaba para anunciar el baile de la novia con su padre. Erin y Jenny trataron de convencer a Amy para que bailara con ellas fuera de la pista de baile, pero Amy tenía otros planes.

Antes del baile, mi padre había preguntado si se podía acortar la canción que planeábamos bailar porque le preocupaba que sus piernas no resistieran todo el tiempo que sonara la canción. Le pedí al encargado de la música que recortara la canción; sin embargo, el encargado de la música no tenía idea de que todos en la boda sabíamos que mi padre tenía cáncer en etapa terminal. La mayoría sabía que sus días estaban contados, por eso todos los asistentes hicieron un círculo alrededor de la pista de baile para tomar fotos de mi padre y yo bailando, muchos de los asistentes sabían que sería la última vez que lo verían. Al ver a la multitud en la pista, el encargado de la música dejó que la canción sonara completa a pesar de mi solicitud.

Yo sabía que mi padre estaba incómodo y le pregunté si quería que nos detuviéramos. «Voy a estar bien» continuó, en su valiente y cariñoso estilo.

Pon zapatos cómodos en mi ataúd

Bailamos la canción de Bette Midler, *El viento bajo mis alas*. Mientras la letra de la canción resonaba, pensaba en cómo mi padre era en realidad mi héroe al continuar bailando conmigo y por mí y al no querer cortar el baile.

Y es que "¿cómo podíamos parar sin que la atención se fijara en la condición de mi padre?", pensé. Levanté mis ojos al cielo y pedí un milagro, antes de que las piernas de mi padre comenzaran a flaquear. Justo entonces, mi niña florista, Amy, con apenas dos años se apareció en la pista de baile. Caminó hacia nosotros mientras bailábamos y empezó a halar a mi padre por una pierna.

—Hola, Papap —dijo con suavidad.

Mi padre dejó de bailar para mirar al pequeño angelito en su vestido morado adornado con perlas.

—Hola, Amy —contestó mi padre embelesado ante la niña, a la vez que reía y extendía sus brazos hacia ella.

De inmediato, todos los asistentes fijaron sus ojos en Amy y en la ternura de mi padre hacia ella. La persistencia de la niña permitió que mi padre dejara de bailar y saliera de la pista de baile donde pudo tomar asiento. Entendí que eso no era otra cosa que un regalo. Mi padre me honró bailando conmigo y Amy le dio a él el regalo de detenerse poco a poco y finalizar con elegancia.

Estaré por siempre agradecida con mi padre, por bailar conmigo esa noche y con el pequeño angelito vestido de morado, que fue tan sabio como para intervenir y bailar con nosotros.

Capítulo 34

Tres, dos, uno

«La oscuridad no puede eliminar la oscuridad, solo la luz puede hacerlo. El odio no puede eliminar el odio, solo el amor puede hacerlo». Martin Luther King, Jr.

Una tarde, Keith y yo escuchamos a mi amiga, Úrsula, hablar sobre el poder del amor. Ella señalaba que puede haber momentos en una relación en los cuales decir «yo te amo» podría resultar difícil. Ella enfatizaba en la importancia de asegurarse de que nuestros seres queridos se sientan amados, aun cuando no podamos usar palabras para expresarlo. Nos compartió un método que ella y su esposo, Larry, usaban cuando no podían hacerlo con palabras o cuando estas no eran suficientes. Ella nos contó cómo después de experimentar una pérdida muy difícil ninguno de ellos quería hablar.

Habían desarrollado un método para compartir sus «te amos» cuando decirlo con palabras era demasiado difícil. Úrsula describió cómo ella le apretaba la mano a Larry tres veces, como diciendo «yo- te-amo». Un apretón por cada palabra. Larry de inmediato sabía lo que ella estaba pensando y le apretaba la mano a ella dos veces en respuesta denotando las palabras «yo-también». Luego ella le contestaría de nuevo con un apretón final que significa «¡Gracias!»

A Keith y a mí nos fascinó la idea y a menudo cuando estábamos tomados de las manos intercambiábamos los apretones alternantes: tres apretones, luego dos y finalmente uno, para recordarnos el uno al otro que estábamos ahí y que nos amábamos. Incluso utilizábamos el método cuando conducíamos uno tras el otro en la carretera. Cuando Keith conducía delante de mí, él pisaba el freno con suavidad tres veces encendiendo así sus luces traseras para mí. Yo respondería encendiendo las luces frontales de mi auto dos veces y él, por último, pisaría una vez más el freno, encendiendo las luces siguiendo el patrón específico del hermoso código que solo nosotros conocíamos.

Mi padre había estado en el hospital por algunas semanas debido a los síntomas de su cáncer estomacal y debió estar ahí el 4 de julio, Día de la Independencia. Keith y yo decidimos no asistir a ver los juegos pirotécnicos y pasar esa tarde con mi padre, en su cuarto de hospital, y ver los juegos pirotécnicos en su pequeño televisor de hospital. Compartimos con mi padre la diversión que habíamos tenido con el recién descubierto código «Yo te amo». Mi padre reconoció la creatividad del código y se rió con los muchos usos que le dábamos. Nos quedamos con mi padre hasta muy tarde esa noche, asegurándonos de que no estuviera solo. Conversamos de nuestras películas favoritas y acerca de cualquier cosa que mi padre tuviera en su mente. Me sentí muy agradecida con Keith por

Pon zapatos cómodos en mi ataúd

haber aprovechado la oportunidad de pasar tiempo con mi padre.

Cuando Keith y yo salimos del hospital, recuerdo haber observado sus ventanas y contado sus pisos. Me preguntaba cuál de aquellas sería la ventana del cuarto de mi padre. Cuando nos subimos al auto esa noche, ya yo estaba extrañando a mi padre. En un loco intento de enviarle un mensaje, miré la solemnidad de aquel edificio y aunque ya era muy tarde, soné la bocina del auto tres veces, solo por si acaso mi padre podría escucharlo, y solo por si acaso él podría recordar el código, y solo por si acaso él necesitaba saber que yo lo amaba. Para mi gran sorpresa, las luces de la ventana del cuarto de mi padre se encendieron dos veces. No solo había recordado el código sino que había estado esperando para responderme. Sintiéndome conectada con mi padre desde el parqueo del hospital, soné la bocina una vez más para hacerle saber que estaba muy agradecida por su disposición de comunicarse aun cuando no se puede hacer con palabras.

Capítulo 35

Sin un pulgar

«La mejor forma de encontrase uno mismo es perderse en el servicio a los demás». Mahatma Gandhi

Mi padre estaba en medio de su lucha contra el cáncer de estómago, su larga gran batalla. Yo estaba con él el día en que los médicos le pusieron, directo en su estómago, una sonda para alimentarse. El parecía sentir dolor después de que le colocaron la sonda; entonces, miré adonde se la habían puesto y me di cuenta de que la sonda no estaba bien asegurada. Cuando llamé al cirujano que estaba a cargo de mi padre, de forma indirecta trató de decirme que era lo mejor que ellos podían hacer en ese momento. Él trataba de decirme, en forma indirecta, que a mi padre le quedaba ya muy poco tiempo.

Como esa no era la respuesta que yo esperaba, le dije de forma severa: «Si fuera su padre, ¿usted dejaría esa sonda así, desajustada, sabiendo que a él le causa dolor?» Y levanté la sábana para mostrarle la sonda desajustada.

Sin más palabras, a los enfermeros se les indicó que llevaran a mi padre de nuevo a la sala de procedimientos.

Yo me sentía molesta y frustrada y quería llorar pero contuve mis lágrimas. "Yo no me he dado por vencido ante la enfermedad de mi padre y ellos tampoco deberían", pensaba mientras caminaba de prisa al lado de su camilla mientras lo trasladaban a la sala de procedimientos.

Me senté sobre el piso fuera de la sala de procedimientos ya que no había sillas en el pasillo. Sentada ahí, con mis rodillas pegadas a mi pecho, mi cabeza inclinada en posición de rezar, esperaba por un milagro. Por último, levanté mi cabeza y vi a un hombre sentado también sobre el piso, recostado sobre la pared, en el lado del pasillo opuesto al mío. Tenía su mano vendada con gaza gruesa. Como éramos las dos únicas personas en el pasillo, le pregunté:

—¿Estás bien?

—Sí, solo estoy esperando al doctor. ¡Sería bueno si hubiera una silla!

Rió con ironía y yo asentí con mi cabeza.

—¿Qué te pasó en la mano? —pregunté tratando de ser cortés.

—Bueno, yo trabajo en construcción y al tratar de alcanzar algo, mi mano quedó atrapada entre dos vigas y me amputé el maldito pulgar —contestó en forma tranquila, casi incrédula.

—Lo lamento mucho, ¿y te duele? ¿Pueden volvértelo a colocar?—le pregunté con compasión.

Pon zapatos cómodos en mi ataúd

—No —contestó de nuevo con su tranquilo tono—. No queda nada ahí para pegar. En realidad no tengo tanto dolor.

Conversamos un rato acerca de su valentía y de su tranquilidad. Hasta nos reímos de cómo él describía su herida con despreocupación. Yo le expresé cuánto lo sentía por lo que le ocurrió y él aseguraba que iba a estar bien. Por un fugaz momento, me perdí en su historia olvidándome de mi tristeza y mi dolor.

— ¿Y tú, por qué estás aquí? —me preguntó, volviéndome de repente a mi realidad.

En esa fracción de segundo, me di cuenta de que mi padre estaba detrás de aquella puerta y yo no podía hacer nada para ayudarlo.

—Mi padre tiene cáncer —fue lo único que alcancé a decir.

— ¡Oh, por Dios! ¡Lo siento mucho! ¡Por favor, discúlpame por hablar sobre mi herida mientras tu padre está pasando por ese dolor, lo siento de verdad! —dijo con amabilidad, casi con cierta pena.

Su amabilidad y comprensión por mi padre y su situación hicieron que se me escaparan unas cuantas lágrimas. Justo en ese momento, sacaron a mi padre de la sala de procedimientos. Secando mis lágrimas, rápidamente, me puse de pie y dije: «¡Hola, Pá! »

El hombre, sentado sobre el piso, utilizó su mano —la que sí tenía pulgar— para estirarse las esquinas de sus labios y recordarme sonreír en frente de mi padre. Yo asentí con la cabeza en señal de confirmación. Con una mano tomé la mano de mi padre y coloqué mi otra mano sobre el hombro de aquel hombre mientras pasábamos junto a él. «Dios te bendiga», le dije con voz baja.

Él asintió con su cabeza y sonrió.

Mi padre y yo volvimos a su habitación donde las enfermeras continuaron monitoreándolo. En honor a aquel hombre en el pasillo, le conté a mi padre algunas historias divertidas para mantener su espíritu alegre. Nunca olvidaré a aquel hombre y espero que de algún modo, lea esto. Yo espero que sepa que en 1992, en un pasillo de un hospital en Bethesda, él hizo una gran diferencia.

Capítulo 36

Sin miedo

«Es mejor encender una vela que maldecir la oscuridad».
Proverbio chino

Mi padre había estado entrando y saliendo del hospital mientras luchaba contra el cáncer. Se le había dicho que no había nada más que los médicos pudieran hacer y que le daban tres meses de vida. Mi padre vivió nueve meses más de lo pronosticado. Con su familia a su lado, luchó por el tratamiento y por su vida todos y cada uno de los días. Creía que la actitud era lo más importante y vivió con plenitud cada momento.

Una muy tranquila y silenciosa tarde, entré a su cuarto de hospital. Estaba oscuro, las cortinas cerradas y la televisión apagada. Al entrar vi a mi padre recostado de lado con sus ojos abiertos casi como en trance. Su acostumbrado gran saludo se había convertido en una mirada inmóvil.

—Hola, Pá—dije con voz suave—. ¿Estás bien?

—Estoy bien —contestó, aun mirando a través de la oscuridad de la habitación.

—Pá, me preocupas. Me parece como que te estás rindiendo —le susurré con suavidad.

A lo que mi padre me contestó con tono apacible:

—Nunca he dicho que me voy a rendir, es solo que no tengo miedo de morir.

Ambos nos sentamos en la quietud de la oscura habitación meditando en esas palabras. Ni siquiera me molesté en limpiar las lágrimas que brotaron de mis ojos; solo las dejé fluir en silencio. Supe que él había hecho las paces con su situación.

—Dios necesita un buen ebanista en el cielo —finalmente dijo.

Ahora Dios tiene al mejor de todos.

Capítulo 37

La batería

«Deprímete. O motívate a ti mismo. Lo que sea que hagas será siempre tu decisión». Wayne Dyer.

Mi hermano Mike, siempre ha sido fuente de inspiración para mí. Él me ha enseñado demasiado de la vida y de la alegría. Un día en lo visité en su oficina, donde trabajaba como principal asesor de inversiones, vi que sobre su escritorio había una gran batería de auto.

—Mike, ¿por qué está esta cosa extraña sobre tu, de otro modo, nítido escritorio? —le pregunté con tono de broma.

—Mira, Jen, mantengo esta batería aquí como recordatorio. En la vida, algunas personas te extraen la energía de tu batería y otras te cargan tu batería de energía. Esto me recuerda rodearme de aquellas personas que cargan mi batería y también ser yo alguien que carga la batería de los demás.

—Eso tiene mucho sentido —le contesté.

—Siempre asegúrate de rodearte de personas que carguen tu batería y evita a aquellas que te la descargan —insistió Mike.

—¿Y cuál de las dos soy yo? —le pregunté.

—Aún estás aquí —respondió él.

Capítulo 38

Nunca me imaginé

«El valor de un hombre debe medirse por lo que da y no por lo que es capaz de recibir». Albert Einstein

Cuando yo estaba en el colegio, me sentaba junto a Erin Tehan en la clase de matemáticas. Erin era dulce, amable y llena de vida. Éramos amigas; sin embargo, yo nunca me imaginé que aquella jovencita sentada junto a mí iba a tener un gran impacto más tarde en mi vida. Erin y yo fuimos a distintas universidades después de graduarnos. Nos veíamos en las reuniones anuales de exalumnos del colegio, conversábamos un poco y compartíamos sobre lo que habíamos hecho pero casi nada más. Yo nunca me imaginé que cuando mi padre fue admitido en el hospital, Erin sería su enfermera oncóloga.

Erin era distinta a las otras enfermeras y, como nos conocíamos desde el colegio, se quedaba algún tiempo extra con mi padre. Yo los encontraba riendo y conversando cuando visitaba a mi padre y en seguida me di cuenta de que el ánimo de mi padre dependía de los turnos en que Erin estaba con él. Al final de una larga estadía que mi padre tuvo en el hospital, Erin confirmaba con el médico de mi padre para asegurarse de que él podría regresar a casa. Erin había estado conversando con mi padre y sabía de sus planes para esa tarde una vez que le dieran de alta. Ella escuchaba mientras él hablaba de su hamaca y de los pajarillos en el jardín de casa. Ella lo escuchaba y compartía su entusiasmo de comer sandía en el patio.

El oncólogo le informó a Erin que mi padre tenía la presión un poco alta y que su temperatura era inestable; por lo tanto, no podía irse a su casa. Erin sabía que mantener a mi padre en el hospital empeoraría estos síntomas. Ella se dirigió al médico oncólogo que atendía a mi padre y le contó sobre la hamaca que lo esperaba y sobre la sandía madura lista para ser disfrutada; explicó en detalle lo que irse a su casa podía significar para su paciente. Su persistente solicitud continuó hasta que ganó el caso, y mi padre fue finalmente enviado a casa. Una hora después de estar en casa, la presión sanguínea de mi padre se normalizó y su fiebre bajó.

Dos meses después, mi padre debió volver al hospital a medianoche en ambulancia. A mí y a mi familia se nos comunicó muy temprano la mañana siguiente, nos vestimos y nos fuimos para el hospital. Mi madre también iba en camino pero como yo vivo más cerca del hospital, fui la primera en llegar. Sabiendo que mi padre estaría preocupado y solo, me apresuré hasta llegar a su cama. Ahí, en la habitación de mi padre, con sus piernas cruzadas cómodamente, estaba Erin, conversando muy amigable con él. Él estaba emocionado porque ella estaba trabajando aquel turno desde la noche hasta la mañana siguiente y yo estaba feliz por ello también. Mi padre me contó cómo ella había estado ahí desde que él había llegado y se sentía mucho mejor sabiendo que ella estaba cuidando de él.

Erin se quedaba en su habitación y revisaba conmigo la información de mi padre en forma completa; contestaba cada pregunta que yo tenía y después de un tiempo me di cuenta de que había monopolizado mucho su tiempo.

—¡Erin, ve a estar con tus otros pacientes, yo sé que Pá y yo te hemos quitado mucho tiempo ya! —le dije con tono de urgencia.

—No te preocupes —me susurró mientras se dirigía hacia la puerta —. Hace horas que terminó mi turno.

Más tarde aquel mismo mes, en una fría mañana de setiembre, era la mano de Erin la que me reconfortaba cuando mi madre, mis hermanos y yo orábamos sobre el cuerpo de mi padre, cuando él partió a encontrarse con su Creador. Nunca me imaginé que aquella jovencita en mi clase de matemáticas iba a ser mi heroína algún tiempo después.

Capítulo 39

Viaje sentimental

«Cada día es un viaje, y el viaje en sí mismo, el hogar».
Matsuo Basho

Mi padre fue declarado fallecido el 23 de setiembre de 1992, a las 7:05 a.m. a causa de cáncer de estómago. Como sabíamos que le quedaba poco tiempo de vida, mi familia trató de pasar tanto tiempo con él como fue posible, antes de que lo perdiéramos a causa de la enfermedad. Aun cuando los médicos nos dijeron, a inicios de febrero, que mi padre tenía los días contados, él continuó, sin detenerse viviendo su vida. Comenzamos a pensar que de alguna forma él simplemente seguiría viviendo aun después de meses en el hospital. Mi madre estaba con él esa mañana del 23 de setiembre en su cuarto de hospital y le había cantado canciones toda la noche anterior.

—¿Qué le cantaste?—preguntaron sus hijos con gran curiosidad.

—*Viaje sentimental* y todas las canciones que cantábamos cuando íbamos de paseo en la carretera—comunicó mi madre.

Esa mañana, Pá, tranquilamente, se nos escapó y emprendió su viaje sentimental de regreso a casa, para encontrarse con su Creador. La canción *Viaje Sentimental* se convirtió en una especie de mantra para nosotros durante los días siguientes. Mientras nos preparábamos para su funeral, andábamos tarareando y cantando la canción por la casa de mis padres, como para imaginarnos que Pá andaba en un nuevo viaje. Mi esposo, Keith, y yo nos quedamos con mi madre esa semana. La belleza de esa canción salió a relucir la mañana del funeral. Yo estaba cantando la canción en voz alta, mientras nos vestíamos para el servicio religioso, cuando la letra de la canción resonó en mi cabeza. Corrí al cuarto de mi madre y le dije con emoción: «¡Canta la canción, canta la canción!»

Y ella comenzó a cantar:

«*Voy a emprender un viaje sentimental,*

Voy a poner mi corazón en paz,

Voy a emprender un viaje sentimental

Para viejos recuerdos renovar,

Llevo mi equipaje y mi boleto,

Gasté cada centavo que tenía

Como un niño con loca alegría

«¡Todos abordo!» espero escuchar

A las siete,

Pon zapatos cómodos en mi ataúd

A esa hora partiremos

A las siete,

Estaré a la espera del cielo...»

Mi madre se quedó sin aliento. A las siete, mi padre murió a las 7:00 a.m. Aunque fue declarado fallecido a las 7:05, sabemos que él murió justo a las 7:00 a.m. exacto como dice la canción. Aun a la hora de su muerte, mi padre llegó justo a tiempo.

«...Contando en el tren cada milla del trayecto

Que me lleva a casa directo.

Nunca imaginé en mi corazón

Sentir esta emoción

¿Por qué vagar fue mi decisión?

Debo emprender este viaje sentimental

Viaje sentimental de vuelta al hogar.

A las siete,

A esa hora partiremos

A las siete,

Estaré a la espera del cielo

Contando en el tren cada milla del trayecto

Que me lleva a casa directo».

Capítulo 40

Zapatos cómodos

«La paz no es la ausencia de problemas, sino la presencia de Cristo». Sheila Walsh

A la mañana siguiente de la muerte de mi padre, mi madre nos envió a mi esposo, Keith, y a mí a la funeraria con algunas instrucciones específicas: «Llévale al director de la funeraria el traje azul favorito de tu padre y sus lindos zapatos de vestir, pero dile que en el ataúd debe poner estas, sus favoritas y más cómodas pantuflas», dijo mi madre, al tiempo en que me daba las pantuflas.

Yo pensé, quizás como mi padre murió de cáncer, sus pies pueden estar hinchados y los zapatos no le quedarán, pero sentí curiosidad de por qué razón ella quería que llevara los dos pares de zapatos. Cuando le entregué la ropa y los dos pares de zapatos al director de la funeraria, él no se mostró de ningún modo sorprendido. Él asintió con su cabeza y dijo que no había ningún problema. Al llegar a casa, le pregunté a mi madre el porqué de enviar los dos pares de zapatos para mi padre.

Siempre que pasaba algo inexplicable o un evento desafortunado, como cuando un niño se enferma, mi madre acostumbraba decir: «¡Pon zapatos cómodos en su ataúd!»

Yo siempre me había preguntado qué quería decir ella con esas palabras. Pues este día, me dio la explicación.

Ella siempre había creído que cuando uno muere, uno camina «la última milla» con su Creador y tiene una conversación sobre los momentos en que uno se ha alejado de Él. Ella cree que uno debe rendir cuentas por esos momentos, y en esa última milla a uno se le mostraría la luz y el entendimiento sobre los eventos de nuestro pasado. Mi madre cree que uno puede hablar con Dios y preguntarle sobre los acontecimientos de la vida, por qué la gente muere y hasta por qué algunas veces parece como si Dios nos hubiera abandonado. Ella cree que es en ese momento que logramos una más profunda comprensión del plan de Dios. Según ella, confiaba en que mi padre tendría que caminar esa última milla y quería que tuviera los zapatos más cómodos para su viaje hacia el paraíso.

Mi madre tiene muchas preguntas para hacerle a Dios y por eso cree que su caminar será largo. Ella nos ha pedido a sus hijos que pongamos zapatos cómodos en su ataúd cuando sea su hora y que al hacerlo le estaremos garantizando una cómoda caminata para su ansiada e inquisitiva última milla. Algunas cosas parecen no tener mucho sentido para nosotros ahora, pero en el tiempo de Dios, ella sabe que lo tendrán.

Pon zapatos cómodos en mi ataúd

Por eso, a mis hijos, en un futuro que espero esté muy muy lejano, les pido, por favor, pongan zapatos cómodos en mi ataúd, también.

Capítulo 41

Él ya no los necesita

«Lo único peor a ser ciego es tener la vista y no tener visión». Hellen Keller

Mi padre usó lentes desde que era muy joven. Yo casi nunca lo vi sin ellos. Cuando dormía, sus lentes permanecían en su mesa de noche, hasta se los ponía para ver qué hora daba el reloj al despertar. Poco tiempo después de su muerte, me soñé con él. El sueño fue muy claro y tan real que recuerdo que pensé "Casi ni te reconocí, Pá". Mi padre se veía joven, saludable y feliz. Recuerdo su cara, su camisa y cada detalle del sueño. ¡Fue tan real! Cuando recordé el sueño a la mañana siguiente, explicándole cada detalle a mi esposo Keith, insistí varias veces en que casi no reconocí a mi padre.

—Se veía muy fuerte y ni siquiera llevaba puestos sus lentes.

Keith sonrió y simplemente dijo:

—Él ya no los necesita.

Capítulo 42

Las tres «Ces»

«Resuelvo el crucigrama del New York Times cada mañana para mantener la vieja materia gris funcionando».
Carol Burnett

Mi madre *acostumbraba* decirnos: «Cada mañana, vístanse, pónganse lápiz labial y péinense el cabello». Después de la muerte de mi padre en 1992, teníamos la esperanza de que mi madre continuara con esta práctica; por fortuna, así fue. Cada día ella se da un baño, se pone lápiz labial y se cepilla el cabello. Esas pequeñas cosas le han ayudado a mi madre a mantener su rutina diaria, lo cual le ha ayudado a mantener control de su presión arterial.

El baño diario es su tiempo de descompresión. Ella piensa y planea su día mientras se sumerge en la tina. Luego sale refrescada y lista para el mundo. «¿Cómo ha hecho para llegar a 98 años de edad?», a menudo la gente le pregunta a mi madre. Ella los corrige diciendo: «Es que tengo 98 años de juventud». Para mi madre, la actitud lo es todo. Si ella cree que puede, ella puede.

Dale Carnegie sugiere vivir según la filosofía de las tres «Ces». Má ha adoptado ese mantra. «Me aseguro de nunca Criticar, Condenar ni Contrariar», acostumbra decir con orgullo mi madre. «Bueno, al menos eso intento», agrega con una sonrisa. Mis hijos, sus otros nietos y sus biznietos han sido testigos de su ejemplo y también ellos han elegido vivir según la filosofía de las tres «Ces». Mi madre cree que hay que vivir según esta filosofía para los demás y no solo para sí misma.

Una tarde, fuimos a renovar el permiso de conducir de mi madre y se le preguntó si quería ser donante de órganos. «Si uno puede hacer una última cosa para ayudar a alguien, pues que así sea», contestó. «Sí, inscríbeme», respondió con alegría. Ella siempre da; siempre piensa en los demás.

La actitud es el eje central, el punto de partida y el fundamento a partir del cual todo lo demás se puede medir. Mi madre siempre confía en que todo siempre saldrá bien. «Estoy en mejores manos que en las mías propias». Tener una buena actitud quiere decir fijar la mente en una meta y proyectarse hacia ella. Nuestra actitud depende de nuestras experiencias, nuestra perspectiva y las enseñanzas que nos dejan esas experiencias. Todos tenemos experiencias diferentes y la actitud de cada uno es el reflejo de la resolución personal de las circunstancias que nos rodean.

Mi padre solía decir: «El pesimista maldice al viento; el optimista espera que el viento cambie y el realista ajusta sus velas». La actitud de mi madre no es la de maldecir, no

Pon zapatos cómodos en mi ataúd

es la de desear, sino la de actuar, resultando en una satisfacción absoluta.

Capítulo 43

Mami comprará un burrito

«Un hombre honesto es siempre un niño». Sócrates

Cuando mi hija tenía dos años, con delicadeza, compartí con ella la noticia de que en unos meses se iba a convertir en hermana mayor. Sin vacilar ni un instante, dijo: «¡Oh!, Má, creo que vas a ir a Belén».

A los dos años de edad, la única persona de quien había escuchado hablar que había tenido un bebé, era una joven llamada María quien tuvo a su hijo en un pesebre en Belén, después de hacer un largo viaje sobre un burrito. Mi hija recordaba la historia de cómo María y José andaban buscando un lugar para pasar la noche y cómo su bebé nació aquella hermosa noche. Mientras yo le explicaba la diferencia entre las dos historias, ella estaba convencida de que su hermano iba a nacer en Belén.

Más tarde ese mismo mes, le pedí a mi hija, Mariah, que compartiera nuestra emocionante noticia con el resto de la familia. No fue una gran sorpresa para todos los presentes cuando la pequeña niña anunció: «¡Mi mami va a comprar un burrito!»

Jennifer McCloskey

¡La inocencia de los niños!

Capítulo 44

El papel doblado en dos

«Casi todos los hombres pueden soportar la adversidad, pero si quieres probar su carácter, dales poder».
Abraham Lincoln.

Mi hermano, Mike, es un extraordinario asesor de inversiones con una brillante reputación. Recientemente, un empleador de la competencia lo contactó para ofrecerle trabajo en su compañía. Mike estaba contento en su organización actual pero estuvo de acuerdo en discutir la oportunidad potencial de trabajo con este empleador. Lo llevaron a visitar la amplia y prestigiosa oficina del empleador y, por último, lo llevaron a una oficina donde se hallaban los principales ejecutivos de la compañía sentados alrededor de una gran mesa de conferencias. El equipo de ejecutivos compartió con Mike los éxitos de la compañía y la estructura de beneficios y bonos. En un gran intento por seducir a Mike, el ejecutivo en jefe dijo:

—Estamos preparados para darte un buen bono si te unes a nuestra compañía.

Luego deslizó un papel doblado en dos y lo puso en frente de Mike.

—Déjenme ver si entendí correctamente —dijo Mike con tono interrogativo—. En este pedazo de papel está escrita la cantidad que ustedes me pagarán para venirme para su compañía.

—Correcto —contestó el ejecutivo en jefe en forma orgullosa y presuntuosa, como asumiendo que aquella cifra iba a impresionar a Mike.

Mike puso ambas manos sobre el papel y cerró sus ojos por un momento en forma pensativa.

—Si decido trabajar en esta compañía será buscando el mayor beneficio para mis clientes, no para mí. No quiero tomar esta decisión basada en lo que dice este papel; me gustaría tomarla con base en la estabilidad y potencial beneficio para mis clientes —respondió Mike.

Y con serenidad volvió a deslizar el papel, devolviéndoselo al ejecutivo en jefe sin siquiera desdoblarlo.

La acción de mi hermano aquel día me recuerda la verdadera definición del amor: poner las necesidades de los demás por delante de las mías.

Pon zapatos cómodos en mi ataúd

Capítulo 45

¡*Suétame*, mami, *suétame*

«*Hay solo dos legados duraderos que podemos esperar dejar a nuestros hijos. Uno son raíces; el otro, alas*».
Johann Wolfgang Von Goethe

Los sábados por las mañanas, cuando mi hija Mariah era muy pequeñita, yo la llevaba a clases de natación. Mi hijo menor, Trey, me acompañaba en pañales y pijamas. Siendo tan pequeñito y curioso, siempre trataba de correr hacia el agua. Yo lo sostenía con fuerza mientras mirábamos y animábamos a su hermana, quien estaba aprendiendo en forma estupenda a dar patadas y brazadas en el agua.

Cada semana, mi hijo y yo mirábamos, y cada semana, mi hijo con desesperación trataba de saltar dentro de la piscina. A menudo, al final de las sesiones de Mariah, le quitaba los zapatitos a Trey y lo sentaba en mi regazo de modo que pudiera meter sus piecitos en el agua. Él chapoteaba en el agua con gran decisión y era claro que soñaba con que un día él también nadaría como su hermana.

La maestra de mi hija notó la emoción de Trey y me dijo: «¿Por qué no traes tu traje de baño la próxima semana y metes a tu hijo a la piscina después de las clases de Mariah?»

A la semana siguiente, después de las lecciones de Mariah, con Trey sentado en mi cadera, me metí al agua. Trey de inmediato trató de empujarme lejos de él y con su limitado lenguaje, a su corta edad, con espontaneidad repetía: «¡*Suétame, suétame*!», continuaba diciendo mientras me empujaba. «¡*Suétame*!», persistía con su voz infantil al tiempo que se retorcía. Yo pensaba, "Si te suelto, te ahogas. De ningún modo te soltaré". Sin embargo, como persistía, calmé mis nervios y con suavidad accedí a su deseo. Le permití que tratara de sentirse libre de mis brazos mientras mantenía la invisible red de seguridad que formaban mis brazos y mis piernas debajo de su pequeño cuerpecito.

Una vez que lo solté, algo increíble ocurrió. Trey empezó a dar una especie de chapoteo estilo perrito combinado con brazadas de pecho que lo impulsaron directo a la orilla de la piscina; su primer intento y ya estaba nadando. Fue en verdad increíble. Mi niño hizo esto una y otra vez y hasta se empujaba con la orilla de la piscina para tratar de llegar más lejos cada vez, todo este tiempo conmigo teniéndolo a mi alcance. Él nunca me tocó y nunca se quedó sin respiración. Solo pataleaba hacia atrás y hacia adelante en la piscina.

Asombrada, miré a la entrenadora de natación.

—No puedo creerlo; ¿cómo puede él saber nadar?

Pon zapatos cómodos en mi ataúd

La entrenadora me miró con una sonrisa y dijo:

—Él ha estado observando a su hermana por semanas, por supuesto que sabe nadar.

Ese momento decisivo cambió la forma en que yo enseñaba a mis hijos y también la forma en que organizo mi equipo de trabajo. Me di cuenta de que no hay necesidad de decirle nada a mis hijos, ellos han estado observando y aprendiendo por medio del ejemplo mío y de mi esposo. Esperamos que guiados por nuestra demostración y modelo, ellos aprenderán cómo comportarse, a seguir siempre adelante y a responder a las dificultades.

Tenemos la fe de que ellos necesitarán muy poca orientación ya que han estado todo el tiempo observando.

Pon zapatos cómodos en mi ataúd

Capítulo 46

Por otros

«Si hiciéramos todas las cosas de las que somos capaces, literalmente nos sorprenderíamos a nosotros mismos».
Thomas A. Edison

Un hombre joven, en nuestro pequeño pueblo, quien estaba en el equipo de fútbol, resultó herido de gravedad en un accidente de auto. Justin, tuvo un largo periodo de recuperación, pero su equipo siguió siempre a su lado.

Comprendiendo que su recuperación total tomaría meses y que no regresaría durante la temporada, el equipo decidió dedicarle lo que quedaba de la temporada al compañero herido. En cada juego hablaban de Justin en los vestidores y de cómo su objetivo era llegar a las finales en su honor. Pusieron sus iniciales en sus cascos como recordatorio de esa meta. Si en alguna rara ocasión Justin asistía a un juego y observaba desde las graderías, ellos hacían señas hacia él después de cada jugada ganada y vitoreaban su nombre.

El equipo se fortaleció esa temporada; jugar para Justin les ayudó a hacerlo con unión y solidaridad. Ganaron todos los juegos y llegaron a las finales. Lucharon muy duro y por mucho tiempo en los juegos de las finales y ganaron la serie. Ahora seguía el campeonato estatal y el equipo de Justin tenía una misión aún más importante. Durante el juego del campeonato estatal, el equipo en forma continua coreaba el nombre de su compañero en cada oportunidad.

El equipo ganó esa noche y cuando se celebró la ceremonia de premiación, el trofeo le fue entregado a su entrenador. El entrenador subió a las graderías a través de la vitoreante multitud; encontró a Justin, en la parte más alta, envuelto en una manta en el último asiento.

—¡Esto es para ti! El entrenador sonrió dándole el trofeo del Campeonato Estatal a este joven herido.

—Yo no puedo aceptar esto, entrenador —dijo en voz baja el jugador.

—Tú le has enseñado al equipo cómo jugar para lograr una meta para alguien más y no para ellos mismos y eso es una lección de vida que ellos jamás olvidarán. Este trofeo te pertenece, ¡te veré aquí el próximo año! —exclamó el entrenador.

Ese mismo equipo, de mi pequeño pueblo, ganó el campeonato estatal por tres años seguidos porque aprendió el poder del trabajo en equipo.

Capítulo 47

El carácter de Trey

«Es más fácil criar niños fuertes que reparar hombres rotos». Frederick Douglass

Mi hijo participó en lucha libre desde la escuela primaria hasta la escuela media. Trey se convirtió en un increíble luchador y justo antes de uno de sus encuentros, mi hijo vino trotando hacia las graderías donde estábamos su padre y yo.

—Uno de mis entrenadores me dijo que no apunte al cielo antes de luchar— nos contó mi hijo—.Dice que en realidad no me ayuda en nada y que no necesito hacerlo.

Mi esposo empezó a levantarse de su asiento para dirigirse a hablar con el entrenador. Yo lo tomé por el brazo para indicarle que me permitiera darle una estocada a dicho comentario.

—Trey, este es uno de esos momentos en tu vida que te definen. Puedes honrar a tu entrenador y nosotros respetaremos tu decisión o puedes escoger honrar tu fe y también respetaremos tu decisión —le dije.

Trey asintió con su cabeza y corrió de vuelta a su equipo. En ese momento, el resultado del encuentro dejó de ser importante para mí. En cambio, sabía que mi hijo debía tomar una decisión muy difícil. Yo apostaba a la fe de Trey, pero aún había que esperar el veredicto.

Cinco minutos después, anunciaron el nombre de mi hijo y él corrió hacia la alfombra. Esta vez, en lugar de su acostumbrado y sutil gesto de apuntar al cielo, indicando Dios mío, esto es por ti, mi hijo realizó un cambio. Esta vez, apuntó al cielo con toda su mano, en forma fuerte y decidida; con un gesto que decía no más sutileza; un gesto que su entrenador no se podía perder.

Yo no recuerdo si ese día Trey ganó o perdió su pelea, lo que sí recuerdo es que ganó su carácter.

Pon zapatos cómodos en mi ataúd

Capítulo 48

Un pastel de manzana de la granja

«La creatividad es la inteligencia divirtiéndose».
Albert Einstein

Mi madre y yo siempre visitábamos a los ancianos y les llevábamos alimentos. Ella siempre se aseguraba de que tuvieran una deliciosa y caliente comida con cada uno de los tipos de alimentos representados y siempre incluía un postre. Lo que yo más admiraba era los detalles finales que ella ponía: envolvía las bebidas en papel aluminio para mantenerlas frías; cubría las bandejas con servilletas de papel con flores, de aquellas que se usaban en las fiestas elegantes y siempre terminaba su preparación colocando una brillante y alegre flor. «Ellos son nuestros ancianos, debemos atesorarlos», solía recordarme.

Yo observaba mientras ella repartía los alimentos y trataba a los ancianos de la comunidad como a la realeza. «¡Qué servilleta tan hermosa! ¿De verdad es para mí?», era lo primero que los comensales decían cuando mi madre les ofrecía la bandeja.

«Fue hecho especialmente para ti», contestaba mi madre con una sonrisa.

Mi madre con frecuencia visitaba a una buena amiga que estaba en una residencia para ancianos y que padecía alzhéimer. Un día en que mi madre la visitó, ella notó que Gracie no quería comer y el personal a cargo se sentía frustrado porque ella estaba perdiendo peso. Como mi madre conocía a Gracie desde que era joven, le preguntó al personal si ella podía tratar de hacerla comer su almuerzo. Mi madre se sentó junto a Gracie y yo observaba cómo la magia ocurría.

«¿Cómo van las cosas en la granja, Gracie?», preguntó mi madre mientras tomaba una cucharada de macarrones. Llevó la cucharada de comida hasta los labios de Gracie y continuó hablando de su niñez como si ambas hubieran regresado al pasado juntas. Gracie escuchaba con atención y poco a poco fue abriendo su boca, distraída por completo por las palabras de mi madre. Mi madre continuó dándole pequeños bocados y Gracie continuó escuchando y comiendo; hasta pudo contestar algunas de las preguntas que mi madre le hizo sobre los animales y la gente de la granja donde Gracie había crecido.

Cuando Gracie terminó su comida, mi madre dijo: «Come un poco de postre, es pastel de manzana, tu madre lo hizo para ti. Creo que tú misma recogiste las manzanas».

Gracie comió del pastel con placer aprobando con su cabeza y sonriendo de oreja a oreja mientras recordaba cuando recogía manzanas siendo niña. Yo observaba con admiración cómo mi madre y Gracie compartían una comida y un momento en el tiempo. Todo el personal

Pon zapatos cómodos en mi ataúd

observaba con asombro a Gracie terminando por primera vez una comida en semanas.

Siempre admiré la rapidez con que mi madre pensó aquel día, ella fue una heroína no solo para Gracie sino también para mí.

Pon zapatos cómodos en mi ataúd

Capítulo 49

Una voz compartida

«Para realizar una acción positiva, debemos desarrollar aquí una visión positiva». Dalai Lama

Entramos a la zona de parqueo de la iglesia.

—De nuevo, ¿En qué consiste esto exactamente? —preguntó Trey.

—No te preocupes —dije sonriendo—, mira todos los voluntarios que hay, quizás ni siquiera te seleccionen, yo solo quiero que ofrezcas tu ayuda.

El yo interno de noveno año de Trey accedió a regañadientes, mientras caminaba despacio hacia el área de recepción de la iglesia. Fue ahí donde conoció a Mike, un niño autista de octavo año que no podía hablar. Doce adolescentes formaron un círculo alrededor de Mike y su madre, quien hablaba por él mientras él señalaba las letras en una pizarra deletreando las oraciones. Ambos nos dieron la bienvenida y les pidieron a los voluntarios hablar sobre sus intereses y pasatiempos para que Mike pudiera escuchar sus voces.

Mike y su familia estaban en busca de alguien de una edad parecida a la de Mike para ser el donante de su voz. Cuando Mike digitara las palabras en un computador especial, la máquina diría las palabras deletreadas por él en voz alta permitiéndole a la gente escuchar las palabras de Mike. El objetivo era tener una voz que a Mike le gustara para que hablara, en lugar de la voz de una máquina, cuando él digitaba las oraciones.

Sería Mike quien escogería su propia voz en una selección tipo competencia. La madre de Mike, Lori, les explicó el proceso a los voluntarios: «Mike los escuchará a cada uno de ustedes decir unas pocas oraciones, algo acerca de ustedes mismos. Hablen de sus pasatiempos e intereses y Mike irá seleccionando finalistas hasta que tome su decisión final». Mike también expresó, mientras escribía, lo muy agradecido que estaba con todos aquellos voluntarios y que no quería herir los sentimientos de nadie en este proceso si no eran elegidos pero que ya tenía una idea de la voz que esperaba representara su escritura.

Trey en silencio pensaba acerca de lo que diría. Habló de su pasión por la codificación y de que jugaba *lacrosse*. Trey llegó a la segunda ronda junto con otros siete voluntarios. La audición continuó y Trey habló de sus gatos. Cada vez que Trey hablaba, cambiaba una oración o agregaba una aclaración, algunas veces le resultaba difícil encontrar las palabras. Se veía tan serio y encantador que honestamente, me sentí tan orgullosa de Trey por intentarlo, por ofrecer su voz, aun si no lo seleccionaban. Yo no estaba segura de que Trey pasaría a la siguiente ronda.

Pon zapatos cómodos en mi ataúd

Pasó la segunda ronda, la tercera y por último, ahí estaba Trey al lado de otros dos voluntarios que quedaban. La madre de Mike les dijo a los tres últimos jóvenes: «Es importante que comprendan lo que se necesita en este proceso. Esta no es una tarea fácil. Necesitarán realizar alrededor de sesenta horas de minuciosas grabaciones de voz. Ustedes tendrán que leer varios miles de oraciones y repetirlas en un micrófono hasta que cada una se grabe de forma exacta y correcta». «¿Están ustedes, los voluntarios que quedan, en total disposición de hacerlo?», preguntó ella.

Por encima de su hombro Trey me lanzó una mirada de pánico. Él no era un gran lector sino más bien un procesador audio visual. La lectura no era su primera opción para una actividad. «Si esto parece algo que no les gustaría hacer, ahora es tiempo de decirlo», continuó la madre de Mike.

Trey permaneció quieto y siguió en la competencia. «Cuéntennos sobre los deportes que practican». Escribió Mike para que su madre leyera en el computador. Los tres jóvenes continuaron y Mike digitó con gran rapidez en su teclado: «E-l-m-u-c-h-a-c-h-o-e-n- l-a-c-a-m-i-s-a-a-m-a-r-i...» Y antes de que la madre de Mike terminara la oración, Trey miró hacia abajo para verse la camisa. ¡Era amarilla! ¡Había sido escogido! ¡El muchacho de la camisa amarilla!

Tanto impresionado como aterrorizado por su elección, Trey aceptó con amabilidad. Mike digitó las «gracias» para los otros jóvenes y mientras otros pocos se reunieron a su alrededor, la madre de Mike se me acercó.

—Quiero compartir algo contigo —murmuró—. Cuando empezamos este proceso le pregunté a Mike cómo tenía planeado escoger la voz; él me dijo que iba a escoger a un muchacho que tuviera un corazón puro y quería que la voz sonara como la voz con la que él hablaba en sus sueños.

Yo contuve mis lágrimas y la abracé.

—Realmente así fue, él seleccionó a un joven con un corazón puro, ese es mi hijo Trey —le susurré.

Caminamos de regreso al auto, yo radiante de orgullo y Trey moviendo su cabeza y murmurando: «Sesenta horas».

Unas semanas más tarde, Trey estaba ubicado en el sótano de nuestra casa, con las ventanas cubiertas con mantas para evitar cualquier vibración de sonido y con los muebles recostados contra las paredes para reducir el eco. Trey también usó unos micrófonos especiales que la familia de Mike compró para que él se conectara con su computadora. La primera oración que Trey tuvo que decir al micrófono fue: «Toto, ya no estamos en Kansas». La computadora contestó: «Oración incorrecta, por favor lea de nuevo». Y así lo hizo. Leyó todas y cada una de las oraciones una y otra vez, tantas veces como fue necesario. Este trabajo tenía que completarse en absoluto silencio, sin vibraciones de la computadora o ruido de ningún lugar de la casa.

«¡Eh!, ¿podrían hacer más silencio?», nos gritaba Trey hacia la planta alta si le interrumpíamos el proceso. No fue sino hasta que Trey empezó a hablar ante el micrófono que en realidad comprendió el proceso. Yo le pregunté cómo se sentía acerca del compromiso que había aceptado.

«Al principio, estaba preocupado de no poder hacer un buen trabajo y empecé a darme cuenta de lo importante que es este trabajo. Yo hablo todos los días, tal vez demasiado y no puedo imaginarme una vida sin mi voz. Saber algo pero no ser capaz de compartirlo, no poder decir lo que piensas o dar tu opinión o poder contar un chiste o defenderse uno mismo. Esta misión era más importante de lo que creí y cuanto más pienso en ella, me siento más motivado de hacer el mejor trabajo que pueda», me dijo Trey con gran confianza.

Después de ese proceso inicial, el compromiso de Trey estaba fortalecido. Había ocasiones en que a Trey se le pedía mejorar o agregar más palabras. Trey aceptó con todo su corazón. Él incluso grabó la oración del Padre Nuestro para que Mike lo recitara en la boda de su tía.

Esta oportunidad mejoró el camino de Trey hacia su carrera profesional. Trey sabía que tenía pasión por las ciencias de la computación y quería sacar un diploma en esta área en la universidad, pero ahora, había una razón detrás de esta decisión. Esta experiencia le ayudó a Trey a descubrir que la tecnología puede usarse para un bien común.

Mike y Trey no son hermanos, no comparten los mismos padres, pero comparten una voz y de esa forma siempre serán familia.

Capítulo 50

Vive entre los jóvenes

«Toma mucho tiempo volverse joven». Pablo Picasso

Mi madre siempre dice que «se requiere todo un pueblo» para cuidar bien de alguien. Resulta increíble para mí cómo ella logra vivir en una típica comunidad suburbana. Cuando le hemos sugerido que tal vez ella quiera irse a vivir a una residencia para adultos mayores, ella frunce el ceño y dice:

— ¿Por qué?, si vivo aquí perfectamente bien y mi casa está totalmente pagada. Hellen trae a la pequeña Callie y a la bebé Mabel de visita; ¡qué felicidad! Los niños de los vecinos Leyna, Roxie y Violette pasan a saludar cuando vienen de la escuela. Los jóvenes que viven en la casa de al lado, Liam y Jack, me traen el correo, Laura saca mi basura hasta la acera, Julie y Scott comparten su deliciosa comida conmigo al menos una vez por semana, Dick y Scott me llevan al salón de belleza. Calvin repara mi techo, Michelle me trae dulces y Eric hasta me invitó a su fiesta de graduación. Yo estoy rodeada de amigos y no de aquellos que no pueden, sino de aquellos que pueden; ellos me levantan el ánimo.

—Pero, ¿y si algo ocurriera? —le pregunté.

—Jennifer, si mis persianas no se abren por la mañana, los vecinos que viven detrás de mí, los Sullivans o la señora Lynch, me llamarán de inmediato. Si no recojo el periódico, Jessica pasará a revisar cómo estoy. ¿Por qué me voy a ir a vivir donde todos son viejos? Yo soy joven de espíritu y me mantiene joven relacionarme con la vida de todos aquí. Soy muy bendecida.

En una melancólica mañana de sábado hablaba con mi madre y ella mencionó que se sentía un poco triste ese día. Con una serie de eventos que habían sucedido en mi familia ese día, llamé a mi hermana Janell y le pedí que pasara a ver cómo estaba mi madre. Ella corrió a su casa, solo para encontrar que no había espacio donde estacionarse. Mi madre tenía compañía y la entrada de su casa estaba llena de autos.

Janell entró a la casa y encontró a mi madre entreteniendo a dos parejas que habían pasado a saludarla antes de salir del vecindario. Estaban tomando té y comiendo galletas con chispas de chocolate; Janell observaba de pie mientras todos conversaban. Cuando todos se fueron, Janell le preguntó a mi madre si se había sentido triste. «Solo por un rato, pero luego salió el sol y salí al pórtico y me encontré con mis amigos y se me olvidó que me sentía sola», contestó mi madre.

Cuando te sientas deprimido, sal de la casa, sal de tu cuarto, ve afuera y deléitate con la naturaleza, camina, ve

Pon zapatos cómodos en mi ataúd

a hablar con alguien o aún mejor, haz algo por alguien más. No hay mejor cura para la soledad. La socialización puede ayudar tu memoria, trabajar tus músculos y mejorar tu ánimo. Aun con sus 98 años, la voz de mi madre siempre ha sido la de una persona joven. Yo creo que es porque la usa con tanta frecuencia. Hay momentos en que ella repite la misma historia pero yo la escucho con atención y reacciono sorprendida cuando cuenta el final. Jamás quiero que piense que le pediría no hablar. Su voz muestra su espíritu joven y bondadoso.

Capítulo 51

Los *Caballeros del Ritmo*

«La música puede cambiar el mundo, porque puede cambiar a las personas». Bono

Una tarde, mientras conducía y llevaba a mi madre del salón de belleza de regreso a su casa, le pregunté si ella pudiera tener un trabajo y, que el dinero no fuera importante o una preocupación, cuál trabajo desearía. Yo creí que me iba a responder «un agente de bienes raíces», algo que ella hizo por cuarenta años, o quizás «presidente de una compañía». Ella meditó solo por un momento y me miró con un brillo especial en sus ojos y susurró: «La cantante principal de una banda».

Yo no tenía ni la mínima idea. Le pregunté por más detalles y me contó que había estado en una banda en su colegio, llamada los *Caballeros del Ritmo*. Ella describió cómo se sintió al cantar a todo pulmón y tener un público cantando con ella y vitoreándola. Me di cuenta de que mi madre era muchísimo más que solo mi madre, ella había sido cantante. Ahora entendía por qué su familia era tan extrovertida y les encantaba hacer presentaciones artísticas. La respuesta de mi madre también me recordó que no hay tomarse uno mismo de forma tan seria y atreverse a soñar.

Sin duda alguna, un día, si soy lo suficientemente bendecida para entrar al cielo, escucharé la exquisita voz de una hermosa rubia en zapatos de tacón fino, entonando una gloriosa canción como cantante principal de una magnífica banda.

Capítulo 52

Una conversación con Katelyn

«Una simple conversación en una mesa con un hombre sabio es mejor que diez años de mero estudio de libros».
Henry Wadsworth Longfellow

Después de que murió mi padre, mis hermanos y yo queríamos hacer algo en honor a su memoria para la época de navidad. Decidimos ir de voluntarios a un albergue para niños maltratados y abusados. Cuando llegamos para celebrar llevando juguetes y regalos, mencionamos que íbamos en memoria de nuestro padre, James Girardi. «Ese nombre es conocido aquí», dijo la mujer en la recepción. «Creo que su padre fue uno de nuestros voluntarios. Él vino a colaborar con su grupo de la iglesia».

Sin duda alguna, mi padre había trabajado en el albergue pintando y haciendo reparaciones con algunos miembros de un grupo de nuestra iglesia llamado Los Caballeros de Colón. Saber esto fue muy reconfortante y nos hizo sentir como si mi padre estuviera ahí con nosotros. Decidimos convertir esta actividad en nuestra tradición navideña.

Habíamos llevado a mi hermano Jim vestido de *Santa Claus* para que entregara los regalos, nosotros jugaríamos con los niños y celebraríamos con ellos y organizaríamos el canto de un villancico dirigido por mi cuñada Marylee.

Decidimos que a cada adulto que trabajaba como voluntario con nosotros se le asignaría un niño del albergue para darle atención individual. Fue muy divertido abrir los regalos con ellos y escucharlos mientras compartían su emoción. Algunos niños querían que les leyéramos un libro; otros solo querían que alguien les ayudara a ponerse los calcetines nuevos.

Mariah había ido de voluntaria al albergue con nosotros desde que era bebé. Un año en especial, Mariah se tomó su compromiso muy en serio, solo tenía siete años de edad y estaba en la escuela primaria cuando conoció a Katelyn. Mariah abrió los regalos con ella y las dos niñas hablaron por horas mientras la fiesta se desataba a su alrededor. Katelyn era de la edad de Mariah y ambas parecían sumidas en la conversación.

Hubo un momento en que miré y vi que Mariah se había enfrascado profundamente en lo que parecía una conversación de corazón a corazón con Katelyn. Nunca le pregunté de qué trató la conversación pero pronto descubriría el impacto que ese día tuvo en mi hija. Volvimos al albergue año tras año y Katelyn ya no estaba viviendo ahí. Mariah preguntaba si tenían alguna información sobre Katelyn, de cómo estaba, de dónde estaba. No nos dieron ninguna información.

Años más tarde, Mariah estaba escribiendo un ensayo para solicitar ingreso a la universidad. Ella eligió hablar

Pon zapatos cómodos en mi ataúd

sobre Katelyn. Lo que no nos había contado era que Katelyn le había dicho aquella mañana de diciembre que no quería volver a su casa. Ese albergue ofrecía un lugar seguro para que los niños vivieran mientras sus padres adquirían las habilidades necesarias para que sus hijos pudieran volver a casa. Mariah no conocía los detalles pero ella sabía que Katelyn no se sentía segura en su propio hogar, ella sabía que había mucho más en esa historia.

Sin mencionar esto a nadie, Mariah creó *El Proyecto Katelyn*. Siendo estudiante de colegio había iniciado un *blog*, había recolectado fondos para una iglesia local para ayudar a las víctimas de tráfico humano y motivar a los jóvenes a responder vía internet, hablar sobre sus situaciones, pedir apoyo y donar su tiempo y dinero para ayudar a las víctimas de abuso. El *blog* estaba lleno de artículos que ella había encontrado sobre abuso, qué signos identificar en tus amigos y dónde acudir por ayuda.

Yo no tenía idea de que ella había hecho todo esto ni del impacto que había tenido hasta que leí su ensayo de solicitud para la universidad donde ella describía el proyecto en detalle. Leí el *blog* y todas las respuestas que había recibido y descubrí que había iniciado el proyecto por la conversación con Katelyn, mucho tiempo antes, en aquella mañana de diciembre.

Hoy, mi asombrosa hija, Mariah, está en tercer año de universidad donde estudia Relaciones Internacionales con una doble especialización en Economía. Su meta es ayudar a otros en cada forma en que pueda, incluyendo ayudar a combatir el tráfico humano.

Jennifer McCloskey

El humilde método de Mariah fue el acto más generoso. Su humildad ha inspirado mi dirección.

Capítulo 53

Su nombre empieza con «S»

«Porque dando es como recibimos». San Francisco de Asís

Al vivir en la costa este, a mi esposo le gustaba llevar a la familia a dar caminatas en los senderos de los Apalaches. Una tarde durante la primavera, en una caminata con nuestro hijo, Keith y Trey se detuvieron en el campamento y compartieron historias y la cena con los otros caminantes. En este sitio de campamento ellos conocieron a una joven mujer que parecía no ir muy bien preparada. Keith notó que sus zapatos eran como sandalias en lugar botas especiales para excursionismo como las que usa la mayoría de los caminantes. Su equipo no incluía una bolsa de dormir, en su lugar ella llevaba una manta y una lona. Él, además, notó que ella llevaba muy pocos alimentos. Ambos, Trey y Keith, se preguntaban si tal vez ella estaba huyendo de algo.

A la mañana siguiente, después de que la conocieron, recibí una llamada telefónica de Keith. «Oye, cariño», comenzó diciendo, «Trey y yo estamos bien y esperamos que tú y Mariah nos recojan hoy, pero cuando vengas

¿podrías hacerme un favor?», continuó, «¿podrías traer la bolsa de dormir extra que tenemos, una cocina de acampar, el maletín extra que tenemos en el garaje y los zapatos deportivos nuevos de Trey?» Keith continuó explicando todo acerca de esta mujer y que no tenía el equipo necesario para la caminata. Él me explicó cómo se sintieron él y Trey y cómo querían ayudarla. Mariah y yo recogimos todo el equipo que Keith había solicitado y agregamos barras de granola, dulces y hasta un libro para esta joven mujer.

Cuando llegamos al lugar donde debíamos recogerlos aquella tarde, Mariah y yo vimos a Keith venir desde el sendero cojeando con su brazo alrededor de Trey. Keith se había torcido la rodilla y tenía que hacer un gran esfuerzo para llegar al punto de reunión. Trey estaba lleno de fuerza y energía, listo para cargar a su padre, de ser necesario. Keith insistió en que él estaba bien pero estaba preocupado porque no podría continuar caminando para entregar el equipo a la joven mujer.

Mariah y yo nos repartimos todo el equipo que habíamos recogido para ella y les preguntamos hacia dónde se había dirigido la mujer, asegurándoles que nosotras íbamos a hacer la entrega. Keith sabía la ubicación hacia donde ella se dirigía así que fuimos en carro. Este lugar es especial porque tiene una especie de centro de recibimiento y entonces pudimos conducir hasta la puerta.

El encargado que atendía el centro se acercó a nosotros en cuanto nos vio a la entrada. Le explicamos nuestro propósito y me volví hacia Keith para preguntarle el nombre de la mujer que estábamos buscando.

Pon zapatos cómodos en mi ataúd

—Su nombre empieza con «S», murmuró. Y aquí estábamos aventurándonos a traerle equipo a una nueva amiga y no estábamos seguros ni de su nombre. Keith y el encargado del centro repasaron una de lista de nombres de mujeres que empezaban con «S».

—¿Sarah?

—¡No!

—¿Sally?

—¡Nop!

—¿Stephanie?

—¡Stephanie!, ¡sí!—gritó Keith

El encargado del centro nos contó que Stephanie tenía planeado caminar un poco más lejos y que podíamos encontrarla a unas pocas millas de distancia, en un lugar específico. Apoyamos a Keith para levantarlo y Trey cuidó de la lesión de su padre en el auto. Mariah y yo salimos con la dirección que Keith y Trey nos dieron en el bolsillo y nuestros brazos cargados de equipo. Nos adentramos en el sendero. No solo no estábamos seguras del nombre de esta mujer sino que no sabíamos cómo era físicamente o adónde estaría. Nada de eso nos importó, continuamos.

Caminamos hasta pasar una torre de agua a la derecha, solo para concluir que la torre debía haber estado a la izquierda, pero después de muchos trillos escarpados y unas cuantas entradas y salidas fallidas, encontramos el camino hacia Stephanie. Nos acercamos a una joven mujer que estaba sentada sola y usaba sandalias y junto a ella estaba la lona que había colgado en una rama.

«¿Stephanie?», le pregunté mientras nos acercábamos hacia ella.

Ella estaba renuente a contestar pues no tenía ni idea de quienes éramos o por qué nos dirigíamos a ella. Con tranquilidad, levantó su cabeza y se puso de pie con cautela. Yo en seguida le expliqué que estábamos ahí enviadas por Keith y Trey para brindarle algún equipo que ella podría necesitar. Su desconcierto se convirtió en alegría cuando se probó los zapatos que le quedaron perfectos y parecía muy complacida con la bolsa de dormir, la cocina, el maletín y la comida.

Mientras Mariah y yo volvíamos al auto, ninguna de nosotras dijo nada, solo saboreábamos el darnos cuenta de que teníamos la capacidad de darle un poquito de comodidad a alguien que nunca más volveríamos a ver. Nos sentimos muy agradecidas de realizar la entrega de la maravillosa idea de Keith y aún más agradecidas de poder compartir nuestra alegría con ellos dos a nuestro regreso. El ejemplo de Keith de dar algo a alguien, aunque nunca más le volvamos a ver, fue una bella ilustración para todos nosotros, nunca dudar, simplemente dar.

Capítulo 54

El poder de permanecer de pie

«Si he podido ver más allá que otros es porque me he parado en los hombros de gigantes». Isaac Newton

En una tarde lluviosa, corrí para llegar al partido de *lacrosse* del colegio de mi hijo. Llegué temprano, a tiempo para ver el último cuarto del juego. El juego transcurría y yo, en un esfuerzo por no obstaculizar la vista de nadie, me senté en el primer asiento que encontré en las graderías, que resultaron ser las del equipo contrario. Mi intención era esperar el receso o cambio e ir a sentarme en el lado del equipo de mi hijo. El equipo de casa iba ganando por cinco goles. «¡Otro gol para el número tres del equipo de casa!», anunció el comentador. Siguió entonces con las estadísticas de cada jugador del equipo de casa que había anotado y el rápido sobrenombre o algún acontecimiento divertido acerca del jugador a quien se estaba refiriendo. Elogios iban y venían para cada esfuerzo hecho por el equipo de casa.

Cuando el equipo visitante anotó un gol, el comentador simplemente dijo: «Gol del equipo visitante». No dijo ningún nombre en relación con el gol ni mencionó la asistencia ni el esfuerzo de los jugadores del equipo opositor.

Después de transcurridos tres cuartos de un juego con lluvia, con muy poco reconocimiento para el equipo visitante, unos pocos miembros del equipo visitante comenzaron a susurrar entre ellos. Los susurros crecieron a través de las graderías y pronto casi cuarenta adolescentes se habían puesto de pie. Con completo control y respeto, comenzaron a vitorear a su equipo. Cada vez que su equipo anotaba un gol, ellos gritaban el nombre del anotador y le halagaban dando también reconocimiento a sus compañeros de equipo. Ellos simplemente se mantuvieron de pie por el resto del partido, fueron muy educados cuando el equipo de casa anotaba pero se emocionaron demasiado cuando era su equipo el que anotaba.

Los espectadores del equipo visitante no se sentaron de nuevo. Era como si los jugadores de su equipo pudieran sentir la diferencia. El equipo visitante jugó fuerte y firme y lograron recuperarse de cinco goles en contra hasta empatar el marcador. El juego tuvo que irse a tiempo extra y luego a doble tiempo extra. Los estudiantes del equipo visitante se mantuvieron atentos y de pie. Finalmente, los árbitros anunciaron que el juego se definiría por muerte súbita y los estudiantes del equipo visitante vitorearon aún más fuerte. Parecía como si ellos despertaran a los gigantes en el campo y, en esa tarde lluviosa, el equipo visitante anotó y ganó un partido muy difícil y disputado.

Pon zapatos cómodos en mi ataúd

El equipo de casa estaba sorprendido. Todos esperaban que ellos ganaran ese partido y hasta la cuarta parte del partido iban ganando. Sin embargo, un estudiante provocó a otro y así se encendió la llama que envió a los que estaban perdiendo el juego hacia una inexplicable victoria.

Aquellos adolescentes me enseñaron algo ese día y, aunque mi equipo perdió el juego, aprendí la más valiosa lección de esperanza, ánimo y convencimiento.

No esperes un milagro, sé parte del milagro.

Capítulo 55

¿Cuál es la receta?

«Que en la dulzura de la amistad haya risa y compartir de placeres, pues en el rocío de las pequeñas cosas el corazón encuentra su amanecer y se refresca». Khalil Gibran

Un día mis suegros, Jim y Linda McCloskey, nos visitaron y estábamos conversando sobre su próximo aniversario de bodas. "¡Ah!", recuerdo que pensé, "qué gran logro celebrar cincuenta años de matrimonio". Como los conocía desde hacía veinticinco años, había visto cómo disfrutaban sus vidas y habían compartido alegrías y tristezas, cuando vieron a sus hijos casarse y cuando enterraron a sus padres y todo lo que ocurrió entre estos acontecimientos. Ellos eran para todos un bello ejemplo de compromiso y amor. Profundizando un poco más una mañana les pregunté:

—¿Cuál es la receta para lograr cincuenta años de matrimonio?

Pensando que tal vez había una fórmula secreta o un mantra especial que siempre llevan consigo, esperé su respuesta. Ellos se miraron el uno al otro con emoción, en un instante, mi suegra habló y dijo con una gran sonrisa:

—¡Reír!

Mi suegro mostró su acuerdo asintiendo con su cabeza mientras soltaba una risa franca y se acercaba a abrazar a su esposa.

Reírse de uno mismo, de una situación y reírse juntos ha probado ser la mejor medicina para cualquier relación. Yo me sorprendí de que su receta fuera tan simple y fácil. Voy a esforzarme para implementar ese consejo en mi vida cada día. Prometo reír mucho más y más seguido.

Capítulo 56

¿Qué haría yo?

«He aprendido que el valor no es la ausencia de temor sino el triunfo ante él. Un hombre valiente no es el que no siente miedo sino el que se sobrepone a él».
Nelson Mandela

Un día, mi hija regresó a casa de un foro de liderazgo y nos contó acerca del tema que habían escogido para el fin de semana. Siendo una estudiante de liderazgo y de sus formas y beneficios, yo esperaba que ella mencionara algo acerca de ser un líder inteligente o que ofrecieran un mantra tal vez, o algo similar a «el papel se administra pero la gente se guía». En cambio, ella trajo a casa una simple frase que cambiaría mi vida para siempre. Su tema para el fin de semana era, de hecho, una pregunta,« ¿Qué haría yo si fuera valiente?»

Ella explicó cómo a todos se les planteó el reto de pensar en qué forma lograrían hacer la diferencia y ser valientes en sus decisiones y en su apoyo por hacer lo que es correcto. Su fin de semana se basaba en una canción de Jana Stanfield y Jimmy Scott, y prometí seguir su mismo mantra. Ella incluso me enseñó cómo usar el lenguaje de señas para comunicar la frase en caso de que estuviéramos en un lugar donde no nos podíamos escuchar los unos a los otros. Ella sabía que ella podía decir en señas «¿Qué haría yo si fuera valiente?» y yo sabría que era tiempo de actuar. Gracias, Mariah, por enseñarle a tu madre a ser valiente, estoy por siempre agradecida.

Capítulo 57

¡Oríllate, Oríllate!

«Un héroe no es más valiente que un hombre común, es valiente cinco minutos más». Ralph Waldo Emerson

«¡Oríllate, Oríllate!», gritó mi esposo Keith mientras pasábamos frente a un auto que iba en dirección opuesta en la autopista.

Justo apenas acabábamos de evitar chocar contra ese auto y estábamos sorprendidos de ver a una mujer aún dentro de él. Como los autos salían rápidamente cerca de la curva en una rampa de la autopista, su carro no se podía mover. Había golpeado la barrera protectora y había girado y ahora estaba en dirección opuesta al tráfico que venía en el carril rápido de la autopista.

Yo orillé el auto hacia el espaldón izquierdo de la carretera y Keith se puso en acción. Con unos pocos segundos de tiempo, corrió hacia ella y le preguntó: «¿Te encuentras bien?», dirigiéndose con gran rapidez hacia la parte alta de la rampa.

Al ver que ella estaba bien, aunque conmocionada, él se encaminó hacia la salida de la carretera para hacerle señas a los autos que venían y pudieran evitar el carril y golpear el auto. Él estaba muy atento y cada acción había que realizarla con prontitud para que nadie resultara herido. Él usó su teléfono celular para hacerles señales a los demás conductores para que se dirigieran hacia el carril opuesto. Todos los autos que salían de la rampa conducían al menos a una velocidad de cincuenta y cinco millas por hora (ochenta y ocho kilómetros por hora) y Keith debía actuar con rapidez para evitar que otro accidente ocurriera.

Tras comprobar que la mujer estaba bien y solo conmocionada, la ayudé a salir del auto y a ponerse a salvo del tráfico de la carretera. Llamamos al 911 y esperamos a que la policía llegara. El área donde tuvimos que esperar estaba bajo el puente y con un escaso margen de error. Veíamos cómo cada auto que salía de la rampa apenas pasaba sin tocar el auto de la mujer. Sugerí que buscáramos un lugar más seguro pero ella estaba muy nerviosa y quería permanecer cerca de su auto. Mientras veíamos los autos zumbando cerca, en silencio esperábamos que nadie golpeara su auto, que aún no era visible para los autos que salían sobre la rampa. Keith continuaba alertando a los conductores con sus brazos y la luz de su teléfono celular en movimiento. Nuestra seguridad dependía en su totalidad de su continuo esfuerzo en esta tarea.

La policía y el equipo de rescate llegaron pronto y la mujer se encontraba ilesa. La policía nos preguntó cuánto tiempo habíamos permanecido ahí esperando. Una vez que nos dimos cuenta de cuánto tiempo había pasado, ellos no lo podían creer. ¿Cómo era posible que nadie hubiera salido lastimado y que ningún otro carro chocara con el auto de la mujer, varado en dirección opuesta a la vía, justo en la mitad del carril rápido de la carretera?

Mi esposo saltó a la acción ese día y sin pensar siquiera en su propia seguridad y sin ningún temor. Era como si aún fuera un *Boy Scout* esperando la oportunidad de ayudar.

Él no solo estaba preparado, estaba listo y dispuesto.

Capítulo 58

Universidad-Refrigerador

«Solo yo puedo cambiar mi vida. Nadie lo puede hacer por mí». Carol Burnett

Como madre de dos hijos y conferencista motivacional, estoy segura de que mis hijos a menudo piensan, *Ah, por favor, Má ya es suficiente de discursos de cómo las cosas ocurren para bien, ya es suficiente de recordatorios de que si nos moja la lluvia es de buena suerte o cómo podemos aprender algo de todo el mundo.* Entonces, en un esfuerzo por dejar de darles sermones a mis hijos, recurrí a una idea llamada *Universidad- Refrigerador.*

Coloqué un pedazo de papel con una frase que me gustara o una breve lección con un imán en la puerta el refrigerador y la cambiaba cada semana. Conozco a mis hijos, Mariah y Trey frecuentan el refrigerador algo así como entre una y trescientos sesenta y ocho veces al día, lo abren para revisar si tal vez he agregado algo nuevo a la lista de compras. Mi meta para ellos era que leyeran la frase con la esperanza de que la adoptaran como suya.

Esa meta se logró una mañana en que puse una frase, que mi esposo Keith había encontrado, justo al frente y en el centro del refrigerador. Mi esposo, siempre interesado en condición física y salud, encontró la siguiente frase «Puedes estar adolorido mañana o puedes estar arrepentido mañana. La opción es tuya».

Unos días después de que la frase había sido expuesta en el refrigerador, mi hija recibió una llamada telefónica de una amiga. Escuché a Mariah repitiendo las palabras: «Mira, no tienes que venir al entrenamiento de porrismo esta noche pero te arrepentirás de no haber venido. Puedes estar adolorida mañana o puedes estar arrepentida mañana. La opción es tuya».

Su mente brillante había procesado la frase y además se la había pasado a una amiga. En ese momento pensé, "ella merece un diploma de la *Universidad- Refrigerador*".

Capítulo 59

Gracias

«La aritmética más difícil de dominar es la que nos permite contar nuestras bendiciones». Eric Hoffer

«El mundo pertenece a la gente que escribe notas de agradecimiento», diría mi madre. Si alguien se tomó el tiempo para traerte algo, se merece una nota de agradecimiento. Una demostración verbal es maravillosa; sin embargo, una nota escrita a mano es excepcional. Las notas escritas a mano son lo primero que todos leen de lo que llega en el correo.

Mi madre siempre me recuerda que si alguien te envía una comida o un postre y tienes que devolver el plato, nunca lo devuelvas vacío. Envía unas galletas junto con lo que tengas que devolver y te asegurarás de alegrarle el día a alguien y de enviar un «gracias» genuino.

Capítulo 60

El suéter

«Nacemos con un ala pero no es sino hasta que nos apoyamos en alguien que podremos realmente volar»
Mary Rey Girardi

Llevé el suéter militar de mi padre a la lavandería, con la esperanza de que estuviera limpio y fuera útil para alguien. El suéter, una vez encontrado en el sótano, que trajo tantos recuerdos a mi familia, estaba ahora envuelto en una bolsa de lavandería, colgado cuidadosamente en la puerta de la cocina de mi madre. Ahí estuvo el suéter colgado por meses. Nadie de la familia quería despedirse del suéter cargado de memorias pero nadie se atrevía a usarlo tampoco. Parecía como algo sagrado.

Mi hija, Mariah, tenía diecinueve años en ese momento y regresó a casa de la universidad para las vacaciones del Día de Acción de Gracias. Ella entró corriendo por la puerta del frente, llegó hasta la cocina y abrazó a mi madre fuertemente mientras la besaba en la mejilla. «¡Hola, abu!», gritó con entusiasmo, «¡te he extrañado muchísimo!» Mi madre estaba emocionada de ver a

Mariah y de inmediato la cubrió de elogios y adulaciones. Mientras Mariah contestaba cada pregunta que mi madre le lanzaba, sus ojos en silencio inspeccionaron la cocina hasta detenerse en el suéter que ahora tenía casi ochenta años.

—¿Qué es esto? —preguntó Mariah, sacando el suéter de la bolsa —. ¡Es fabuloso! —dijo, revisándolo con sus manos y presionando la tela contra su mejilla por un momento—. ¡Qué material tan bonito!

Mi madre sonrió dirigiendo su mirada hacia mí y dijo:

—Es el suéter militar de tu abuelo. Papap estaría muy honrado si tú lo usaras. ¿Te gustaría quedártelo?

—¿Hablas en serio? ¡Por supuesto! —respondió Mariah con gran emoción.

En un instante, el una vez inmaculado suéter pasaba ahora por sobre la cabeza de mi hija. Complementaba sus lindos *jeans* y sus zapatos elegantes logrando un increíble conjunto de entre clásico y moderno en esta jovencita de diecinueve años.

—Má, ¿estás segura? —le susurré, enfatizando la importancia del suéter.

Mi madre me sonrió y simplemente dijo:

—Ahora el suéter tiene toda una nueva generación de historias por comenzar y de recuerdos por construir.

Conclusión

Este libro tiene el objetivo de ser un recordatorio de los numerosos héroes que hay a nuestro alrededor. Siempre me ha sorprendido la gran cantidad de libros que se venden describiendo dolor y sufrimiento. Yo quería que mis hijos leyeran historias reales acerca de personas que han tenido éxito en tiempos difíciles y cómo han logrado manejar el arte de obtener recursos, adoptar un equipo de trabajo y apropiarse de su fuerza interior mientras trabajan en busca de un bien común, algo más grande que ellos mismos. Mi objetivo es recordarnos a nosotros mismos que, actualmente, todos estamos rodeados de leyendas vivientes. No tenemos que mirar solo a quienes tienen fama o dinero como modelos de fortaleza, sino que podemos observar la fortaleza interna en nuestras interacciones diarias, aun en nuestros hogares, quizás en la habitación contigua.

Podemos aprender una lección del padre y la madre que continúan viajando largas distancias hacia su lugar de trabajo día a día, para poder proveer el soporte económico de su familia mientras deben también brindar apoyo emocional a una hija o un hijo que enfrenta problemas en su escuela o con sus amigos. Algunos de esos padres tienen múltiples empleos y aun así encuentran la fortaleza para escuchar a sus hijos y secar sus lágrimas. Podemos encontrar un ejemplo también en un padre o un compañero de trabajo que no se deja llevar por la ira fácilmente y siempre está buscando formas de evitar discusiones, mientras trata de mantener el orden y la guía para su familia o equipo de trabajo.

Estamos rodeados de leyendas vivientes. Si no podemos verlas, lo único que debemos hacer es mantener nuestros ojos un poco más abiertos.

La autora

Jennifer McCloskey ha sido conferencista motivacional y capacitadora a través de los Estados Unidos desde 1986. Sus talleres han sido muy bien recibidos por varias corporaciones, iglesias, comunidades deportivas y numerosos colegios en todo el país.

Tres de sus seminarios se utilizaron en la India. Jennifer ha sido la conferencista principal en numerosos eventos. Además, fue nombrada en una historia de *CBS Evening News: Mujeres que desempeñan roles no tradicionales*.

A ella también se le han dedicado varios artículos destacando su carrera profesional.

Jennifer es voluntaria en un hogar para niños maltratados y abusados, cerca de Washington D.C.

Ella también escribió una columna del tipo de «Querida Abby» para dar consejos a adolescentes de la comunidad.

A pesar de que Jennifer se desempeña como Ingeniera Civil, su trabajo favorito es el de esposa y madre de sus dos hijos, que adora estar con su familia y encender la luz interior en los demás.

Pon zapatos cómodos en mi ataúd

Agradecimientos

Gracias a mi padre quien me enseñó el verdadero significado de la fortaleza y a mi madre que me ha amado siempre en forma incondicional. Gracias por sus hermosos ejemplos a seguir que nos dejaron a mí y a mi familia.

Quiero expresar mi muy sincero agradecimiento a mi esposo, Keith, quien ha creído en mí desde el día en que nos conocimos.

A mi hija, Mariah y a mi hijo, Trey, por vivir sus vidas en forma de continua inspiración para mí.

Gracias a los mejores hermanos del mundo, Jim, Mike y mi hermana Janell; mis cuñadas Marylee, Nina y Gabrielle y a mi cuñado Kurt.

Gracias por darme la diversión de verlos crecer a Jim, Jenny, Erin, Chris, Amy, Josh y Sam.

Espero verlos crecer a Bryan, Abigail, Maddie, Ella, Quinn, Skye, Julian, Auguste, Aven y Wes.

Gracias a mi primo John Rey y a mi sobrina Erin por inspirarme a escribir estas historias.

Gracias a los vecinos de mi madre quienes han mantenido su corazón joven, nunca podré pagarles todo el amor que

Jennifer McCloskey

le han brindado. Ustedes la han mantenido fuerte todos estos años, estaré por siempre agradecida.

Helen, Mike, Callie y Mabel Maurer

Laura, Jonathan, Jack y Liam Bodner

Julie, Scott, Leyna, Roxie y Violette Weismantel

Margaret, Calvin, Sarah, Eric, Anna, Paige y Mitch Meleney

Debbie, Dick, Melissa, Rob y Chris Van Alstyne

Barbara, Jim, Julie, Steve y Betsy Lynch

Chelle Davis

Michelle, Faith y Ellie Meyer

Ruth Abakah

Valerie Cole

Juno Barber

Selam Kifletsion

Cecilia Mostafá, Arturo, Amira y Tareq Giadala

Dee Bogart

Pat and Joe Doane

Bil Duvall

Un agradecimiento especial a Susan Bierly quien me recuerda día a día el significado de la verdadera amistad.

Gracias a Nancy Vawter por estar siempre ahí para mí, no solo con palabras sino con acciones.

Pon zapatos cómodos en mi ataúd

Gracias a Beverly Tucker por escúchame con su corazón y por su apoyo continuo.

Gracias a Marcy Rindone cuya valentía durante su enfermedad fue inspiradora para todos nosotros.

Un agradecimiento especial a Reesi Buell-Size quien me mostró cómo tener una base cuando se aprende sobre relaciones, estoy tan agradecida. Me diste algunas de las mejores memorias de mi vida.

Gracias a Jenny Roussos cuyo hermoso corazón me enseñó a reír a carcajadas.

A Jenny Duncan, mi amiga y «gemela de traje» gracias por enseñarme a deletrear.

Gracias a Kathleen Crowley quien me enseñó cómo hablar en el escenario y a patinar mientras caminaba a su perro.

Un agradecimiento especial a Betsy Lanning por ser un increíble ejemplo de amor y bondad hacia su madre.

Un agradecimiento enorme para Donna McCullough y Vonna Ordaz, ellas saben que han estado presentes cuando más las necesité.

Gracias a Cris Packard y Nancy Lao quienes han celebrado cada evento importante de la vida de mis hijos conmigo.

Gracias a Loretta Brooks por compartir su amor para dar conferencias e invitarme al seminario donde conocí a mi editora.

A Lil Barcaski, la editora, escritora y amiga más sorprendente, cuyo trabajo le dio vida a este libro. Gracias, Lil por hacer de mi sueño una realidad.

Jennifer McCloskey

Un agradecimiento especial a Erin Girardi por su trabajo brillante en la portada del libro, gracias, Erin, por escuchar mi corazón y darle vida a la idea.

www.ingramcontent.com/pod-product-compliance
Lightning Source LLC
Chambersburg PA
CBHW071436080526
44587CB00014B/1873